「60代でしなければならない50のこと」

中谷彰宏

ダイヤモンド社

この本は、３人のために書きました

（１）60歳を機に、生まれ変わりたい人。

（２）60歳から、何をすればいいか不安な人。

（３）今からでも、人生を豊かに生きたいすべての年齢の人。

まえがき

「正しい」にこだわらない。

60代はあらゆるものから解放される年齢です。

究極は、「正しいこと」からの解放です。

時々、「中谷さんの大ファンで、本は1000冊以上読んでいます。昔の本と最近の本では真逆のことを書いていますが、どっちが正しいのですか」という質問をされます。

これに対して、私は「どっちも間違っている」と答えます。

「どっちも正しいのではないんですか」と聞かれますが、どっちも間違っているのです。

すべては仮説だからです。

今、この本に書いていることもすべて仮説です。

すべてのストレスは、どちちが正しいかと考えることから起こります。

正しいことへのこだわりが、自分をつらくさせるのです。

「どっちも正しい」と言うと、大体の人が「またそんなことを言って」という顔をします。

「どっちも間違っている」という気持ちでいると、「正しいこと」にこだわるストレスから解放されるのです。

美術史でも本流にいると、「正しい」からはずれることができなくなるのです。

京都本社だった狩野派《かのうは》は、徳川家康について江戸に移って東京本社になりました。

京都本社は、京都支社に格下げになりました。

京都支社に残った「京狩野《きょうがのう》」の狩野山楽《かのうさんらく》は、逆に自由でのびのびした絵を描くようになりました。

「正しいこと」はしんどいことです。

「正しいことはラク」という思い込みが、「正しいこと」のしんどさを生み出しているのです。

たとえば、占い師さんに「これから○○の出会いがあります」と言われたとします。ここで「それはいいことですか。悪いことですか」という質問をする人が多いのです。

今、目の前ではいいことでも、後から悪いことにつながることもあります。その悪いことが、結果としていいことにつながることもあるのです。

「いいこと」と「悪いこと」という発想は、人生の中にはありません。

客観的に、ただそれが起こっているというだけです。

50代までは、優等生的に、正しいことだけを追求してきました。

60代で、やっと「正しいこと」から解放されます。

「正しいこと」は十分にやってきたので、60代からの人生は「正しいこと」にこだわらずに生きていいのです。

だからといって、悪いことをすればいいということではありません。

「正しいこと」から解放された向こう側に、もっと自由な広い世界があります。
その世界に身をゆだねていけばいいのです。

禅僧が描く「禅画」という絵のジャンルがあります。禅の教えを表した絵です。
もともと絵のプロではないので、のびのび自由に描いています。
プロの画家は、禅画に憧れていました。
禅僧は長生きな人が多いのです。
晩年になればなるほど、いい絵になります。
死の間際に一番いい絵を描くのです。
禅の発想は、「いかに自由になるか」ということです。
本来、宗教は決まりごとや正しいことを突き詰めてきました。
それと相反する世界に「禅」という考え方があるのです。
間違えることを恐れないことが禅の精神です。

50代までは誰しも優等生です。

「正解」とか「正しさ」を求めてきました。

目に見えない「正しさ」の道がなんとなくあって、そこからはずれたところは道ではないと思い込んでいたのです。

実際は、道をはずれても、また道があります。

それが「自分の道」です。

道は無限にあるのです。

そのことに気づくのが60代です。

何かに迷う時、どちらか一つだけが正しいということはありません。

ランチのA定食とB定食がある時に、どちらが正しいかという質問に意味がないのと同じなのです。

60代を楽しむために その1

どっちが正しいかと、聞かない。

「60代でしなければならない50のこと」目次

60代を楽しむ
50の工夫

41 昨日の自分より、成長しよう。

42 死ぬ当日まで、学び続けよう。

43 「違う」より「ということは？」と言おう。

44 「前は……」から、解放されよう。

45 世間の目から、解放されよう。

46 自分を捨てて、没頭しよう。

47 やめる時に、仲間を誘わない。

48 否定的なことを言っている自分に気づこう。

60代でしなければならない50のこと　目次

中谷彰宏

会いたければ会えばいいし、会いたくなければ会わなくていいのです。

「60代になったら、いろんな人に会った方がいいよ」と、よく言われます。
この言葉がストレスになります。
出会いは、楽しい。
でもムリな出会いは、ストレスになります。
会いたければ会えばいいし、会いたくなければ会わなくていいのです。
これが60代の自由です。

50代までは、会わなければいけない人がたくさんいました。
同じ会うにしても、「会わなければいけないから会う」と、「会いたいから会う」と

では違うのです。

私の父親は、35年間、スナックを経営していました。サービス精神のある人なので、店をやめても、懐かしがってお客様が自宅にやって来ます。

そんな時父親は、意外にも、来客がめんどくさいと言っていました。

気を使うタイプの人ほど、人に会うと気を使いすぎて、ストレスが生まれます。

「60代になったら、1人で家に閉じこもらないで、いろんな人に会った方がいいよ」というアドバイスは、スルーしていいのです。

1人でいることで、逆に1つ1つの出会いに価値が生まれてくるのです。

60代になると、

① 人に会いたくなるタイプ

② 1人になりたいタイプ

の2通りに分かれます。

どちらが正解ということはありません。

正解がなくていいのが60代です。

50代までは正解がありました。

その正解に向かって、ひたすら突き進んでいれば良かったのです。

それは受験勉強のころから始まっています。

受験勉強の発想が、50代まで続いていたのです。

60代は、長い受験勉強の世界からようやく解放されるのです。

受験勉強は大学受験で終わりではありません。

就活も会社の仕事も、ひたすら受験勉強的なことをしてきました。

10代から続く50年間の長い受験勉強生活を経て、10代に戻れるのが60代です。

私は20代のサラリーマン時代を広告代理店で過ごしました。

広告代理店は、とにかく人が多いのです。

会議も仕事も大ぜいの人が絡んできます。

CMの撮影でも、相手の会社の人なのか自分の会社の人なのかわからないぐらい大ぜいの人があふれていました。

そんな中で過ごしてきたので、今、私は1人になるのが好きです。

大ぜいのお客様の中で過ごしてきた私の父親も同じです。

戦国武将がお茶をたしなむのも、ふだん大ぜいの中でいるから、1人の時間をゆっくり持ちたいのです。

一方で、60歳を過ぎて会社を立ち上げて、大ぜいの人と仕事をするタイプの人もいます。

その人は、それまで小人数で仕事をしてきた人です。

会社の大きな組織の中で過ごした人は、60歳を過ぎると1人になるのが楽しくなります。

最初から独立した個人の仕事や自営業をしていた人は、60代になると大ぜいで集まるのが好きになります。
大ぜいでいた方がいいのか、1人でいた方がいいのか、正解はありません。
50代まで自分が過ごしてきたことの逆をするのが、60代からの人生なのです。

60代を楽しむために
その2

1人でいた人は、大ぜいを楽しもう。

選んだものは、すべてラッキー。

50代までは、AとBの選択肢があった時に、自分が選んだ方を頑張って正解にしようと思っていました。

60代になると、選んだ方をそのまま肯定していいのです。

たとえば、元号が決まった時に、「新しい元号についてどう思いますか」というコメントを求められます。

ここで、ポジティブなコメントするか、ネガティブなコメントするかで分かれます。

私が代理店に勤めていてよかったなと思うのは、決まったことに対して、「なぜそれがいいか」ということにばかり頭がまわるようになったことです。

「こういうところがいけない」と、ネガティブな要素を見つけるのは簡単です。50代までは、努力することで自分が選択したものを「ラッキー」に持っていこうとしました。

60代は、何を選んでも「ラッキーだった」と考えます。努力すらしていません。

これが50代と60代の気持ちの持ちようの差です。

何かを選ぶ時は、自分では好きに選んでいるつもりでも、神様に選んでもらっているのです。

くじ引きで当てるにはコツがあります。

「利き手でない方の手」で引くのです。

ドラフト会議でもこのやり方が流行っています。

なぜなら、本当に競合した1位指名の選手がとれるのです。

利き手は操作がきくので、「当ててやろう」という気持ちが先行します。

これで自由度がなくなります。

利き手でない方の手でポンと引くのです。

しかも、箱に手を入れて一番上でさわったくじを引く。

それが本当の自由度であり、一番いい選択になります。

最悪なのは、利き手でかきまぜてから引くことです。

これで本来は手に入った当たりを逃がしてしまいます。

なんとなく当たりは底の方にあるような気がしますが、前の人がかきまわしているので意味がないのです。

自分が選ぶのではなく、人が選んだものを渡されることもあります。

渡されたら喜んで受け取ればいいのです。

たとえば、借りようと思った映画がなかったり、食べたかったものが売切れだったりします。

ここで「それはそれでラッキー」と思うだけで、次の行動へ移れます。

「運がない」とか「ついてない」という考え方をすると、「さっきのが正解だった。自分はそのチャンスを与えられなかった」という解釈になります。

自分で選べる時もあるし、選べない時もあります。

大切なのは、選択する時の気の持ちようなのです。

60代を楽しむために

その3

くじ引きは神様に選んでもらおう。

受験前に好きだったことを、思い出す。

「自分らしさ」にこだわらなくてもいいのです。

つい「自分らしさ」と言いながら、「みんなが考える正解」を目指してしまいます。**正解がつまらないのは、誰にとっても同じだからです。**

美の本質・原理を研究する「美学」という学問があります。

美学の中の「奇」とは、クレイジーではなく、ほかの人と違うことをすることです。

60歳を過ぎて会社を辞めた時に、これから何をすればいいのかわからない人は、「今までと違うことをしよう」と考えるだけで、するべきことが明確になります。

今までしてきたことは先が見えています。

同じような仕事を続けたとしても、今までと違うやり方をしてみることです。

これが60代でリセットしていく1つの生き方です。

同じやり方を続けていると、その人はどんどん老化していきます。

老化しないで人生を楽しんで生きている人は、今までと違うやり方をしているのです。

ピカソも北斎も、別人と思えるほど次々と画風を変えています。

今までの自分と違うやり方を何かできないかと常に考えていたからです。

60歳までは会社でうまくいっていたのに、60歳を過ぎて一気に楽しそうに見えなくなる人がいます。

その人は、運を使い切ったからではありません。

60歳を過ぎても今までのうまくいったやり方を続けることの面白くなさがあるのです。

うまくいくかどうかは関係ありません。

今までと同じやり方を続けることで、ワクワクを感じなくなります。

今までと同じやり方は、ラクです。

一見、ストレスがないように見えますが、長い目で見ると、小さなストレスが積み重なっていくのです。

何をすればいいのかわからなければ、何でもいいから今までと違うことをします。

または、同じことでも違うやり方をしてみます。

違うことをすれば、必然的に違う自分になります。

同じことを「違うやり方」ですることで、今まで気づかなかった新たな自分に出会うキッカケになるのです。

勉強しようと思っても、「何を勉強すればいいかよくわからない」ことがあります。

そういう時は、受験前に好きだったことを思い出してみることです。

私が今、勉強していることは、どれも受験前にしていたことです。

誰にも子どもの時に好きだったことがあります。

それは受験科目には入っていません。

いつしか受験科目に入っていないものはガマンして、受験科目に入っているものの中から選ぶようになっていました。

自分の受験科目になかったものを1つ勉強してみるといいのです。

それは好きだったのに断念したことです。

私の好きな教科は、倫社・国語・漢文・美術・書道でした。

当時、倫社は受験科目に入っていませんでした。

今、倫社の教科書を読み返してみると、超面白いのです。

なんのことはない、倫社とは哲学です。

名前は「倫社」ですが、高校で習う「哲学」です。

60代からの勉強が面白いのは、テストがないからです。

どんな面白いものでも、テストがあると面白くなくなります。

テストがないとなった瞬間に、俄然、その世界が面白くなります。

受験としてやっていた数学も、テストがない数学として勉強し直してみると面白くなってくるのです。

英語も、「外国人と話したい」とか「TOEICで点数を上げたい」とか、目的が先行する勉強は楽しくなくなります。

60代は、教え好きです。

だったら教えるために、勉強すればいいのです。

たった1つのモチベーションは、誰か自分が勉強したことを聞いてくれる人を持つことです。

「あの人にこれを話したい」となると、一生懸命に勉強することができます。

それは「凄いね」とは言われることではありません。

「いい歳をして大丈夫？」と言われるような勉強の仕方です。

60歳を過ぎて集めるべき言葉は、「いいね！」ではなく、「いいの？」です。

人から「いい歳して、そんなことしていていいの？」と思われるようなことをやることが、一番幸福感が大きくなるのです。

60代を
楽しむために
その
4

受験前に好きだったことを、思い出そう。

姿勢を直すと、表情がやわらかくなる。

60代になると、人相は「ゴキゲン」と「不機嫌」の2通りに分かれます。

真ん中ぐらいの人は、いないのです。
いい人か悪い人かは関係ありません。
話してみると感じがいいのに、みんなから不機嫌な人に見られる人もいます。

本人は、いろんな人と出会いたいと思っています。
悪意も何もないのに、まわりから「不機嫌」に見られてしまいます。
「怖い」と思われて、まわりから人がいなくなってしまうのです。
表情は無意識につくられているので、変えるのは難しいです。

60年間、その顔で固めてきたのです。

直した方がいいのは、表情よりも姿勢です。

表情は、姿勢から来ています。

姿勢を直さずに表情だけ変えると、どこかアンバランスにみえます。

見る人にとって居心地の悪い表情になるので、「この人から離れよう」と思われてしまうのです。

姿勢を直すと呼吸が深くなります。

呼吸が深くなると、精神的に安定します。

心持ちが変わることによって、自然と顔の表情が変わってきます。

なぜか人から怖がられる人は、姿勢を直せばいいのです。

「体がかたいので、姿勢を直すためにマッサージに行けばいいですか」と言う人がいます。

マッサージは対症療法なので、すぐにまた姿勢は崩れます。

ピラティスに行って内側のコアから直していくのも1つの方法です。

ダンスを習っているなら、先生に「姿勢を直してください」と言えば、きちんと直してくれます。

「ステップだけ教えられて、姿勢を教えてくれない」と言う人がいますが、自分から言わないと教えてもらえません。

本当は先生も最初に姿勢を直したいのですが、そこから始めるとステップを習いたい生徒さんはやめてしまいます。

ここに商売としてのしんどさがあります。

本当は姿勢を習ってもらった方が、先生としては後が教えやすいのです。

60歳の人は、60年かけて自分の姿勢をつくり上げてきました。

それを直すのは簡単なことではありません。

ただし、徐々に直すことはできます

ここで「何回通ったら直せますか」と言う人は直せません。

60歳といっても、まだまだ人生は長いです。
ここからゆっくり時間をかけて直していけばいいのです。

60代を
楽しむために
その
5

姿勢を直すことで、心持ちを直そう。

ヘトヘトになるものが、ワクワクする。

高校生は学校から帰ってくると、ヘトヘトです。

夜は爆睡で、気絶するように寝てしまいます。

多くの人は60歳を過ぎると、ヘトヘトにもならないのです。

一方で、60歳を過ぎてもヘトヘトになれる人は、ワクワクするようなことができている人です。

ヘトヘトには、
①肉体的なヘトヘト
②脳的なヘトヘト
の2通りがあります。

60代からは、どちらかというと、脳的なヘトヘトになるのがオススメです。

そのためには、今までしたことのないことをすればいいのです。

今までしていたことを続けていると、脳は疲れないで、体だけがヘトヘトになっていきます。


私は、週1で体幹のコア・トレーニングをして10年になります。

1週間の中で、コアトレのある曜日が山場です。

コアトレの1時間は、永遠の1時間のように長く感じます。

「こんなに難しいことは、僕の人生の中にない」と思うぐらい、先生に厳しく鍛えられています。

その時に思い出すのは、私の母親がスパルタだったことです。

小学校1年生の時に、母親に腕立て伏せと逆上がりの特訓をさせられました。

それを思い出します。

自分でも情けないのは、コアトレの中ではとりたてて難しいことはしていないことです。

先生は軽々としているのに、自分の中では難易度が高いのです。

正解がわかっていてできないのではありません。

正解が皆目わからないのです。

先生に「もう少しレベルを下げて、基本のところからお願いします」と頼んだら、「これより下はありません。これはリハビリのおばあちゃんがすることです」と言われました。

コアトレが終わって帰りに靴を履こうとすると、靴のひもが結べません。

靴のひもの結び方がわからなくなるぐらい、脳がヘトヘトになっているのです。

ここにワクワクがあります。

脳がヘトヘトにならないで、気持ちだけワクワクしようとしてもできません。

ワクワクしたければ、したことのないことをして「脳がヘトヘト」になることが大切なのです。

60代を楽しむために

その6

「ヘトヘトになること」をしよう。

大器晩成でない人はいない。勝負は、60代からだ。

若いころ、占い師さんに言われて一番残念な言葉は「大器晩成」でした。

早く成功したい、早くうまくいきたいと思っている時に、「大器晩成」という言葉はありえないのです。

私は大学で映画を専攻しました。

でも、就職は映画会社ではなく、広告会社を選びました。

当時、映画会社で久しぶりに出た新人監督が42歳の人でした。

いくらなんでも遅すぎると思いました。

ハリウッドでは、スピルバーグやルーカスが20代で出てきていました。

根岸吉太郎さんは29歳の時、日活ロマンポルノで監督デビューしましたが、その時

24歳だった私は、それでも「まだ5年もかかるのか」と思っていたのです。

60代になると、時間に対する余裕が生まれます。

5年も10年も、そんなに長く感じません。

私は今、「自分は大器晩成なんだな」と思えるようになりました。

すべての人間は、大器晩成です。

60代からハッピーになれるかどうかが、その人の人生の幸福感を決めていきます。

大切なのは、60歳を過ぎてから楽しい生き方をすることです。

60歳までは、人間はみんな下積みです。

寿命がこんなに延びたのは、下積みの時代が60歳まであるからなのです。

人間は還暦の60歳でリセットできます。

今は寿命がどんどん延びています。

60歳は折り返しどころか、まだまだ先の長い人生があるのです。

葛飾北斎は、「日本のピカソ」と言われるぐらい膨大な作品を残しています。

たとえば、「神奈川沖浪裏《おきなみうら》」は、世界でも有名です。

北斎のトレードマークにもなっている、遠目に富士山があって、波がザブッとなっている絵です。

あれは北斎ではなく「為《い》一《いっ》」の名前の時代に描かれました。

北斎は、生涯の中で名前を30回変えています。

北斎の名前で描いたのは45歳から50歳までの作品だけです。

北斎が61歳から使っている名前が「為一」です。

「為一」は「1歳になる」という意味です。

今までを全部捨てて新人画家として生きていこうという気持ちが「為一」という名前に込められているのです。

60歳になる人は、みんな「為一」という意識を持つことが大切です。

「折り返す」というと、60歳の次は50代になるという感覚になります。

61歳は、生まれ変わった来世の1歳と思えばいいのです。

北斎は引越しを93回もしています。

ひどい時には1日3回引越すこともありました。

常にリセットしないと、クリエイティビティーは湧いてきません。

それが北斎の1つのスタイルです。


北斎の人生を見ていると、勇気づけられます。

北斎は30代のころは売れっ子でした。

にもかかわらず、借金まみれで、生活は決して豊かではありませんでした。

借金とりから夜逃げするように引越しを繰り返していたのです。

「北斎」という名前は、当時もブランド名として売れています。

それを弟子にお金と交換で売ってしまいました。

そのぐらいお金に困っていたのです。

「生き生き仕事をすること」と「お金」は連動しないということを、北斎の人生は教えてくれます。

宮藤官九郎さん脚本のＮＨＫ大河ドラマ『いだてん』に出てくる柔道の神様・嘉納治五郎さんも借金まみれでした。

これはクドカンさんによる嘉納治五郎さんの最も新しい解釈です。

あの柔道の神様が、借金まみれで自分のしたいことを追い求めていたのです。

60歳を過ぎたら、お金と人生は連動しなくなります。

お金の発想から解放されるのが60代なのです。

60代を楽しむために
その7

やり直そう。

関心のあるものとないものがあるのではない。関心の持てる人と持てない人がいるだけだ。

あるものには関心があって、別のものには関心がないという人はいません。

①何かに関心を持てる人。
②何ごとにも関心が持てない人。
の2通りに分かれるのです。

「人生、面白いことないよね」と言っている人は、何ごとにも関心を持てない人です。

「ほら、あそこに花が咲いていてきれいですね」
「景色がきれいですよ」

「これ、おいしいですよ」

「変わった味がしますね」

「あれはなんでしょうね」

と、話を振った時に一番つまらないのは、「うん。だから？」と言われることです。

映画『ペンギン・ハイウェイ』は、日本SF大賞を取った森見登美彦さんの同名小説の映画化です。

町の中にいきなりペンギンがあらわれます。

ガキ大将が「ペンギンなんて水族館にいくらでもいる。面白くもなんともない」と言いました。

これが関心のない人の1つの見方です。

それに対して、主人公・アオヤマ君は「ペンギンは珍しくない。でも、ペンギンがなぜ住宅街にいるんだ。住宅街とペンギンの組み合わせは面白いし、研究に値する」と考えます。

主人公の小学4年生の男の子は、常に何か面白いものを見つけてはノートにとっています。

ペンギンはなぜ1列で歩くのだろう、ペンギンが歩いている道が「ペンギン・ハイウェイ」だと考えました。

ノートにも「ペンギン・ハイウェイ」というタイトルを書いて、新しい研究課題としたのです。

主人公のお父さんも面白い。

お父さんは机の上にあった息子のノートを見て、「いいタイトルをつけたね」と言って附箋《ふせん》を貼ってくれました。

これがうれしいのです。

常に「これはなんだろう」というふうに興味を持つことが大切です。

答えではなく課題を見つけることで、死ぬまで楽しむことができるのです。

60代は、「関心の持てる人」と「持てない人」との分かれ目です。

子どもの時は何もわからないから、誰もが関心を持つことができました。

大人になると、だんだんわかることが増えてきます。

老人化したつまらない60代は、「それはつまり、こういうことなんだよ」と、すぐに答えを出して安心しようとします。

答えではなく、課題で面白がれることが、関心を持てるということです。

答えを出して安心するか、課題で面白がれるか、自分がどちらの人間かということです。

何かに関心を持とうとするより、関心を持てる人間になった方がいいのです。

「Aには関心があるけどBには関心がない」と言う人は、結局、そのAが見つからないのです。

関心を持てる人は、関心のないものにも食いつきます。

これが「関心が持てる」ということなのです。

60代を楽しむために その8

関心のない人から、関心のある人になろう。

ボランティアのような仕事をする。見返りを求めるより、お返しをする。

60歳になって会社を辞めると、「何かボランティアでもやるといいですよ」と言われます。

ボランティアをしたことのない人は、何をすればいいかわからない。

やり方もわかりません。

ボランティアにも、いろいろなお作法やマナーがあります。

人に迷惑をかけてもいけないのです。

いきなり近所の手伝いを始めても、うまくできなくて、叱られてくじけてしまいます。

ボランティアのことを難しく考えなくていいのです。

それをしたからといって、ほめられるわけでも、報酬があるわけでも、感謝されるわけでもないことをするのが、ボランティアです。

「あなたはサラリーマンで60歳まで○○の仕事をしてきて、肩書もそこそこあったのだから、ちょっとこれを手伝ってくださいよ」と言われます。

それを手伝ったからといって、「凄いね」と言われません。

「いいね！」をもらったり、他者承認のようなことは何もありません。

会社でそれをしていたら、そこそこお金がもらえました。

ボランティアは金銭的に何もないどころか、クレームや批判が来るのです。

会社では、報酬・称賛・感謝という形で見返りがありました。

ボランティアでは、それがないことによって別の何かが手に入ります。

ここで「何が手に入りますか」と聞く人がいます。

それはやってみないとわかりません。

この質問をする人は、何が手に入るかわかってからする人です。

それがわからないのがボランティアです。

なんとなく災害救助に行くことだけがボランティアだと思いこんでいます。

ボランティアの本質は、それをしたからといって、どんないいことがあるかわからないことをすることなのです。

60代を楽しむために その9

恩返ししよりも、恩送りしよう。

ありがたがられているうちは、まだまだ。

日本には国宝の茶碗が8つあります。

そのうちの3つが曜変天目《ようへんてんもく》です。

世界で現存しているのはわずかに3つしかないのに、その3つがすべて日本にあるのです。

1つ目は藤田美術館所蔵の「藤田曜変天目」、2つ目は静嘉堂文庫所蔵の「静嘉堂曜変天目」、3つ目は大徳寺龍光院所蔵の「龍光院曜変天目」です。

「龍光院曜変天目」は非公開なので、めったに見ることができません。

MIHO MUSEUMで曜変天目を三碗同時に見られる企画があったので、見に行きました。

この企画の切り口が面白くて、「曜変天目と破草鞋《はそうあい》」というタイトルです。

京都にある大徳寺は22もの塔頭《たっちゅう》がある、禅宗寺院の大テーマパークのようなところです。

大徳寺は、寺社の中ではアンチグループです。

一休さんがいて、利休がいて、世の中の反主流派が固まっているのです。

大徳寺には小堀遠州がつくった密庵《みったん》という国宝茶室があります。

破草鞋と国宝をタイトルに持ってくるセンスが、いかにも禅宗的で面白いのです。

禅の言葉である「破草鞋」とは、破れ草履のことです。

禅僧は修行で各地をまわります。

道端には消耗品の使い捨てられた草履がたくさん落ちています。

破れてボロボロになった草履を新しい草履に履きかえて、今まで履いていた草履は道端に捨てるためです。

破れて捨てられた草履は誰も見向きもしません。

誰にもありがたみを感じられないことこそ禅僧の目指す道であり、「破草鞋」という考え方なのです。

ボランティアで人助けをしたり、マンションの理事会に毎週出てマンションの住人たちのために一生懸命働いたり、人のために何かいいことをしたのに、文句ばかり言われることがあります。

つい「感謝ぐらいしてくれよ」と、グチを言いたくなります。

感謝されているうちは、まだまだです。

たとえば、みんなでごはんを食べに行って、みんなの分を自分が払ったとします。そのことに気づいたら、みんな感謝してくれます。

「○○さん、ごちそうになりました」「いやいやいや」というやりとりで感じるのは、見返りのある幸福感です。

本当は、自分のしたことに相手が気づかない時の方が、もっと大きな幸福感がやってきます。

60歳を過ぎて大切なのは、いかに幸福感を味わうかであって、いかに幸福になるかではないことです。

幸福になっても幸福感を感じないことがあります。

幸福にならなくても幸福感を感じることはできます。

「幸福・不幸」は、他者が客観的に評価することです。

「幸福感・不幸感」は、自分がどう感じるかです。

他者がどう見ようが、自分が幸福感を感じられればいいのです。

「人から感謝されているうちは、まだまだ」と考えると、こっそり何かをしたことに誰かが気づいて感謝されてしまったら、「しまった。感謝されたか。まだまだだな」と思えます。

感謝されなくても、「しめしめ」と思えてくるのです。

60代を楽しむために その10

批判されても、人のためにしてあげよう。

学んでいる人は、大人。「学んだ」と言う人は、老人。学ぶとは、学び直すことだ。

60代は2通りの人しかいません。

1人は「大人」、もう1人は「老人」です。

これは個人差がくっきり分かれます。

見た目の違いは、「その人が勉強しているかどうか、学んでいるかどうか」で決まります。

「学んでいる人」は大人です。

「私は学んだ」と言う人は老人です。

「学んだ」と言う人は、これから学ぼうとしていません。

今まさに進行形として学んでいる人が大人です。

1回学んだら終わりではありません。

常に継続状態でなければ、学びとは言わないのです。

学ぶというのは、「学び続ける」ことであり、「学び直す」ことです。

「以前こうやって学んだけれども、よくよく深めてみると、こういうことかもしれないな」ということで、学び直していくのです。


私がセミナーで絵の話をした時に、残念な優等生タイプの人が「あっ、その絵知ってます」と言って伸び上がりました。

「それ知ってます」と言った後も、2通りに分かれます。

「それについて先生はどう分析するんですか」

「どういう見方をするんですか」

「どう味わうんですか」

「どう楽しむんですか」

と聞く人と、

「エッ、皆さん知らないの」

という顔でまわりに教え始める人とがいるのです。

これが「大人」と「老人」の分かれ目です。


知らない人は「知らないから教えてください」と言います。

中途はんぱに知っている人は、ここで逆転されるのです。

一生懸命で頭がよくて優等生な人ほど、自分が知らないことがバレるのを恐れています。

その反動で「エッ、みんなこんなことも知らないの？」という態度になるのです。

私のセミナーで、突然漢字の問題を出すことがあります。

「読めるけど書けない」とか「今朝見たんだけど書けない」という漢字をちょうど狙って出しています。

この時、優等生は問題を解かないのです。

まわりの人に「これ、よく書いてあるじゃない」と言いながら、腕を組んで見ているだけです。

それは自分が書けないことを先生に見られたくないからです。

気の毒なことに、この人の成長はここでとまっています。

そこに「老人」を感じます。

とにかく全部書いて零点の人は伸びていきます。

知らないことを知っていくことが、「大人になっていくということ」なのです。

60代を楽しむために
その11

学んだことを、学び直そう。

「わからないこと」が少ないのが、老人。「わからないこと」をたくさん持っているのが、大人。

「大人」は自分の背中のリュックの中に「わからない」を持ち歩いています。

「老人」は、「わからないもの」は「なかったもの」として捨ててしまいます。

わからないことを持っていると、「あいつ、こんなこともわからないのか」と思われたらみっともないと思っているからです。

どれだけ「わからないこと」を持っているかが、その人の財産です。

せっかくわからないことに出会っているのに、それを捨ててしまうのはもったいないのです。

引出しにたとえると、上の引出しには「わかっていること」
真ん中の引出しには「わからないこと」
一番下の引出しには「存在を知らないこと」
が入っています。

「存在を知らないこと」に出会うことで、「わからないこと」になって、さらに「わかること」に変わっていきます。

「わからないこと」を捨てると、「わかること」は増えません。

初めてのことをすることで「存在を知らなかったこと」に出会えます。「わからなかったこと」がわかっていく瞬間が楽しいのです。

わからないことを捨てる人は、わかる楽しみを味わえなくなります。

そういう人は幸福そうに見えません。

人間的にも成長しません。

昨日より今日の方が「わからないこと」が1つでも増えるのが、その人の進化です。

老人は、答えが好きな優等生です。
大人は、課題を見つけるのが好きです。
わからないことが、人生を楽しむ課題になっていくのです。

60代を
楽しむために
その
12

「わかること」より、「わからないこと」を増やそう。

「好きじゃないこと」もするのが、好奇心。「好きなことだけ」していると、老化する。

「私は好奇心が強くて、何か好きなことはないか常に探しています」と言う人がいます。

そのわりには、話を聞いてみると、好奇心が弱いことが多いのです。

好きなことをするのは「好奇心」とは呼びません。

それは、ただ好きなことだけしているということです。

「好きじゃないこと」をできる人が好奇心のある人です。

レストランで好きなものだけ頼む人は、好奇心があるとは言えません。

好きなものも頼めるのに、あえて食べたことがないものを頼む人が好奇心がある人です。

マンガ『孤独のグルメ』の井之頭五郎は、お店に入ってから、当初頼むはずだったメニューを変更して、初メニューにチャレンジします。

好きなことだけしている人は、やがて好きなものがなくなっていきます。

少しでも好きなものとズレているものは捨ててしまうので、好きなものの幅がどんどん狭まっていくのです。

「最近、好きな展覧会がなかなかないんですよ」と言う人がいました。

当たり前です。

展覧会のよさは、たまたまそこに通りかかって、「なんだこれ」というものに出会うことです。

「なんだこれ」が一番、芸術心が動きます。

「好き」「かわいい」「きれい」「凄い」だけを求めて美術館に行く人は、結局、好奇心がなくなって、だんだんワクワクできない人になるのです。

その人は、別に美術が好きなのではありません。

ただ過去の自分がやってきたことに安心したいだけです。

芸術家が目指すところは「きれい」でも「凄い」でも「うまい」でもありません。

究極は、それを見ることによって人の心が動くことが芸術のあり方です。

現代アート展に行くと、時々、「こんなものがなんで芸術なんだ」と怒っている人がいます。

この人は大人です。

「こんなものオレだって描ける」「こんなものは粗大ゴミだ。回収するのにお金がかかる」と文句を言いながらも、1600円払って現代アート展に来ているからです。

「私はモネが好きなので、モネしか見ません」と言う人は、現代アート展には来ません。

モネを見に行っても、「ワァー、きれい」で終わります。

それはただ自分の好きなものだけを肯定しているにすぎません。

それでは新たな出会いにならないし、人生を生きていることにならないのです。

せっかく海外旅行に行ったのに、ユーチューブで見た場所の写真を撮って、自分のインスタにあげて終わりという人がいます。

これは旅行体験ではなく、自分が知っていることをただ「確認」に行っているにすぎません。

本当の旅行は、ユーチューブや写真集で見たことと現地とのギャップを味わうことです。

「思ったより凄い」というより、むしろ「もっと凄いのかと思ったら、意外に小っちゃい」という感想でもいいのです。

事前に予測したものとのギャップを味わうことが、ナマで体験する面白さです。

その体験をできる人とできない人とに分かれます。

「好きなことが見つからない」と言っている人は、好きなことを探しているから、よけい見つからないのです。

好きなことが、生まれないのです。

60歳を過ぎても、そういう人はたくさんいます。

会社にいた時は、好きじゃないことばかりやってきました。

会社を辞めて、好きなことを存分にできる、ハッピーで自由な世界が待っていると思ったのに、この自由さが逆にストレスになるのです。

その人は、むしろ会社にいた時の方が生き生きしていました。

そうならないためにも、「好きなこと」にあまりこだわらなくて、いいのです。

60代を楽しむために

その13

ギャップを、味わおう。

空気を読むと、暗くなる。空気を変えることで、明るくなる。

50代までは、会社でひたすら空気を読んでいました。

50代までは、確かに大切なことです。

サラリーマンの得意技であり、日本人の得意技でもあります。

会社の中で、40年間ずっと鍛えてきたので、空気を読むことにかけては天下一品なのです。


60歳を過ぎて社会に出たら、「空気を読む」より「空気を変える」ことの方が大切です。

空気を読むと、どうしても冷静になります。

「今はこういう流れだからこうした方がいい」ということで、秩序を生み出す形になると空気が暗くなります。

60歳を過ぎてからすることは、風を起こすことです。

空気を変えることです。

時には、波風を立てることです。

波風を立てることができるのが、60代の特権です。

野球やサッカーでも、後半になって新しい選手を投入することによって、今までの膠着した空気をガラッと変えることができます。

それが60代に求められることです。

サッカーで、ベテランのレジェンドの選手が後半の残り10分で投入されるのは、得点を期待されているからではありません。

その選手を入れることによって、空気を変えることができるのです。

50代までは空気を読むことばかりしていました。

60代になったら、50代まではやってはいけなかったことをすることです。どうしたら空気を変えていけるかを考えた方が楽しいのです。

60代を楽しむために その14

50代までやってはいけなかったことをしよう。

教養を磨くことで、生活が丁寧になる。

大人と老人の違いは、品のあるのが大人、品のないのが老人です。

たとえば、人が大ぜいいる中で大きな音を立ててくしゃみをする人は老人です。

男性に多いのですが、どうしてそんなに大きな音のくしゃみをしなければいけないのか不思議です。

まわりがビックリしている状況をつくっていることに、本人は気づいていません。

大きなくしゃみをする人は、物事に対する丁寧さを欠いています。

椅子に座る時もドンと座ります。

繊細な人は、そっと座ります。

新幹線の椅子はつながっているので、隣の人がドンと座った瞬間に、「ハズレの人の隣に座っちゃったな」と、ショックを感じます。

今の映画館はオシャレになっていますが、椅子はつながっています。

隣の人がドンと座ると、こちらに振動が来るのです。

それだけで「この人はハズレだな」とガッカリします。

ドアをバタンと閉める、コップをボンと置く、カバンをカウンターの上にドンと置くなど、物音をたてる感覚が丁寧さを欠いているのです。

教養を身につけることで、生き方が丁寧になります。


美術館に行くと、貴重な美術品が置かれています。

美術館の入口にロッカーがあって、カバンやコートを預けられます。

それを使わないでリュックを背負ったまま入ってくる人には、美術品に対するリスペクトが感じられません。

万が一、美術品がリュックに当たって壊れたらどうするのかとドキドキします。

美術品は、同じものを二度とつくることはできません。

弁償もできません。

お金で解決することもできません。

ここで「芸術品に当たってはいけないな」と思うと、コートや荷物を預けようという気持ちになるのです。

TVの美術番組で、レポーターがリュックを背負ったまま美術館に入っていくことがあります。

あれは美術番組として、してはいけないことです。

レポーターもディレクターも、ふだんあまり美術館に行ったことがない人だとわかります。

リアルさを出すために、リュックを背負ったまま美術館に入るという演出の可能性もあります。

美術品に対するマナーとしてはしてはいけないことなのです。

電車の中でも「リュックは前に持ちましょう」というアナウンスが流れます。

芸術体験をすることによって、教養が身につきます。

教養がつくことによって、その人の立ち居ふるまいが丁寧になります。

たとえば、お茶の作法は無限に難しいのです。

何一つ作法を覚えられなくても、ドアの閉め方が優しくなっただけで、お茶を体験した意味があります。

その人の人生は、その後、まるで変わったものになっていきます。

森羅万象すべてのものに命を感じるようになります。

神様を感じ、仏様を感じられるようになるのです。

60代を楽しむために
その15

豪華から、丁寧な生活を目指そう。

教養を磨くことで、知らない人と会話ができる。

教養をつけておくと、たまたま部屋に飾ってあった絵について、知らない人と話すことができます。

置物があったら、その置物について話ができます。

ちょっとした椅子が置かれているだけで、その椅子のオシャレさについて語り合うことができるのです。

60代で老人になる人は、とにかく「知らない人」とは話せません。

会社にいた時は、仕事の話題だけで会話をしてきました。

知らない人と話すことができるのが「大人」です。

話のネタは、天気の話題だけでは限りがあります。

教養があれば、そこにかけられている1枚の絵を見て語り合えます。

自然を見ても、1本の木から連想する絵画から何かを話すことができます。

夕焼けの色から絵画の色の話が展開します。

流れてきたBGMからはクラシックの話ができます。

話す材料はいくらでもあります。

教養は、知らない人と話す一番のキッカケをつくってくれるのです。

60代を楽しむために その16

知らない人と、話せるようになろう。

自由に生きている人は、自由に生きる他人に寛大になれる。

自由に生きている人に対して、「許せない」と厳しい人がいます。

「あんな好き勝手なことばかりやって、そのうちバチが当たる」と怒るのです。

許せない人は、自分自身が自由に生きていない人です。

自由に生きるかどうかは好き好きです。

「自由に生きなければならない」となると、それは自由ではありません。

自由に生きないのも1つの選択肢です。

ただし、人がどう生きようが、ほっといた方がいいのです。

関西弁の「本人が機嫌ようやってんねんから、ほっといたりぃや」という言葉には、関西人の人に対する優しさを感じます。

関西人は自由だと言われます。

関西人は自分が自由なのではなく、自由な人に対して寛大なのです。

それに対して意見もしないし、ヘンだとも感じません。

各人がのびのびやっているのです。

私は28歳と29歳の時、ロサンゼルスにインタビューＣＭの取材に行きました。

メルローズアヴェニューを歩いていると、みんなヘンな格好をしています。

原宿と違う所は、バリエーションの多さです。

誰もそれについて、「なんでそんなヘンな格好をしているんだ」という顔で見ないのです。

それを見た時に、私は「ああ、そうか。こういうことが本当の自由なんだな」と感じました。

自由にしている人が気に入らないのは、自分の中に自由になれない気持ちがあるからです。

世の中は不倫をしている人に厳しいです。

「自分はできないのに、あの人だけやってズルい」という気持ちが、バッシングへと進んでいくのです。

不倫をしている人は、自分でリスクを背負ってしているのです。

自由に生きたければ、まず、他人の自由に寛大になることです。

そうすれば、自分が自由になった時に、人からバッシングをされる心配がないと思えるようになります。

自由になれないのは、「自由にやったら誰かがバッシングするに違いない」という思い込みがあるからです。

自分が自由な人にバッシングしているから、自分も同じことをされると思い込んでいるのです。

60代を楽しむために
その17

自分の自由も他人の自由にも、寛大になろう。

思いやりを感じていても、表現できなければ、思いやりはかけられない。

60歳になっても思いやりがない人は「老人」です。

思いやりのある人は「大人」です。

ここで微妙な問題があります。

人から「思いやりがない」と言われても、自分では「思いやりがある」と思っている人がいるのです。

その人は思いやりを表現できていない人です。

思いやりには2段階があります。

第1段階は、「共感力」です。

これをしたら相手はイヤだろうなとわかるのが共感力です。

悲しい思いをするだろうな、椅子にドカッと座ったら隣の人がびっくりするだろうなということを感じられることです。

第2段階は、「共感」を言葉で相手に伝えます。

思っただけで伝えていなければ、思いやりとは言えません。

言葉や行動になった時に、初めて思いやりと呼べるのです。

英語を覚えるのと同じです。

体験学習によって獲得していくものです。

まずは共感力をつけて、次はそれを行動や言葉に置きかえ、学習をすることが大切なのです。

60代を楽しむために その18

思いやりを感じ、思いやりを表現できる人になろう。

ゆっくり深呼吸すると、体も心も安心する。

何か予想外のことが起こった時に、
① ビックリする
② イラっとする
という2通りのリアクションがあります。

1つの解決策として、ビックリする時はどうしたらいいかです。
ギックリ腰は体がビックリしている状態です。
たとえば、不安定な姿勢でモノを持った時です。
朝起きたての体がまだ温まっていない状態で顔を洗う時、重い荷物をクルマのトランクに載せようとする時に、腰を痛めることがあります。

60代になると、子どもの時に比べて、体が温まるのに時間がかかります。

ビックリした時は、ゆっくり深呼吸します。

そうアドバイスして深呼吸をしている人を見ると、呼吸が速いのです。

深呼吸で大切なのは、ゆっくり呼吸することです。

「ゆっくり呼吸してください」と言うと、息をとめてしまいます。

とめることとは「ゆっくり」にはカウントしません。

「ゆっくり」とは、息をとめないで、長いストロークで呼吸することです。

そうすると、体と心と脳が「今、自分はそれほどピンチではないんだな」と、安心します。

ムリな姿勢で腰を痛めたその瞬間は、本当はまだ腰を痛めていません。

「ヤバい」と思う気持ちが体にブロックをかけて、筋肉を引っ張り続けていくので、筋肉が切れたり固まったりするのです。

これが痛みのもとになっていきます。

衝撃を与えられた時は、ゆっくり深呼吸をすると治ります。
ゆっくりとした深呼吸は、ふだんしていないと、意識しなければできません。
意識的にゆっくり深呼吸をすることによって、ふだんの呼吸も緩やかになっていきます。

老人は、呼吸が浅くなって、回数も増えています。
大人は、ゆっくりした呼吸をしています。

1分間の呼吸の回数が少なくて、1回の肺活量も大きくなっていくのです。

60代を楽しむためにその19

イラッとしたら、ゆっくり深呼吸しよう。

死は、20代も60代も同じ確率だ。

60代になると、だんだん死をリアルに意識し始めます。

親が亡くなり、お世話になった人が亡くなり、同期や年下にも亡くなる人間が出てきます。

自分自身もいろいろな病気が見つかります。

今まで意識したことのなかった死を意識して怖くなるのです。

死が怖くなると、当然、幸福感は感じられなくなります。

ここで意識の切りかえが必要です。

60歳は自分の中における1つの革命です。

歴史上では、宗教改革、フランス革命、産業革命がありました。

それと同じような革命が60歳の自分に起こっているのです。
60代は死が近いというのは、勘違いです。
60代で死ぬ確率と20代で死ぬ確率は、ほとんど同じです。
60代の方が死ぬ確率が高いとしても、それは誤差にすぎません。
「いいよな。20代は未来があって」と言いますが、関係ありません。
20代でも60代でも今日の帰りに死ぬ可能性があります。
そういう意味では同じです。
20代に戻りたいと考える必要は、まったくないのです。

60代を楽しむために
その20

死ぬのを怖がらなくていい。

健康管理が、お金管理になる。

60歳で定年退職すると定収入はなくなります。

会社に再雇用されても、収入は激減します。

次の会社に働きに行っても、今までの給料は到底もらえません。

年金がもらえるようになるのも少し先です。

そんな時に、万が一病気になったら入院費を払えるのだろうかと心配になります。

サラリーマン時代も、お金のことを心配していました。

会社を辞めると、よりリアルにお金のことを心配するようになります。

サラリーマン時代は、お金のことは会社がなんとかしてくれるだろうと思って、それほどお金のことを考えなくてもごまかせました。

税金の申告も全部経理がやってくれるので、「給料が安い」とグチだけこぼしていればよかったのです。

60歳を過ぎると、経理も自分がすることになって、お金をリアルに感じるようになります。


実際は、お金のことはいっさい考えなくていいのです。

それよりも、考えた方がいいのは健康管理です。

どんなにお金の管理をしても、健康を害したら、結果、お金はなくなります。

お金で苦労しない人は健康管理をしている人です。

お金のことを考えるのと同じレベルで健康のことを考えると、かなりの健康管理ができます。

お金のことなら、あれこれリアルに考えます。

健康のことになると、突然、「自分にはそういうことは起こらない」とリアルに考えなくなります。

「なったらなった時のこと」「病院のお世話になったこともないし」と、のんびり構えてしまいます。

お金のことでクヨクヨ考えるヒマがあったら、健康のことを少しでも意識した方がいいのです。

結局、健康運が金銭運につながります。

60歳を過ぎても仕事をしている人はたくさんいます。

健康を害したら、仕事は休みがちになります。

休みがちな人を雇い続ける雇い主はいません。

仕事の面接でも、せきをしていたら雇ってもらえません。

出会いのチャンスを生み出すためにも、健康管理はしておいた方がいいのです。

60代を楽しむために
その21

お金管理より、健康管理しよう。

ジムに行くメリットは、体を動かしている人と出会うこと。

「健康管理のためには、やっぱりジムに行った方がいいですか」と言う人がいます。

ジムに行っているから大丈夫なのではありません。

週1でジムに行って、残りの6日間は何も運動しなかったら、その人は運動の習慣がついているとは言えません。

ジムに行くことを「罪ほろぼし」的にしてはいけないのです。

ジムに行くメリットは、体を動かす習慣がつくことです。

「これぐらいの階段なら上がろう」と思えることです。

もう1つのメリットは、体を動かしている人と出会うことです。

「今まではエレベーターやエスカレーターを使っていたけど、あの人は階段を使っているから自分もそうしよう」と考えられることです。

往復クルマで週1ジムに行っている人が、「ジムに行っているから不摂生しても大丈夫」と考えているとしたら、かえってマイナスに働くのです。

ジムに行ったら、できればドSのパーソナルトレーナーさんに、甘やかされないで厳しく指導してもらいます。

同じマシーンを使っても、自己流でガシガシやっても効果はありません。

逆に体を痛めてしまいます。

それならば、パーソナルトレーナーさんに、回数が少なくてもいいから、きちんと指導してもらった方がいいのです。

これが有効なお金の使い方なのです。

パーソナルトレーナーをつける予算がないなら、まずは下半身を鍛えます。

スポーツジムには60代の人がけっこういます。

その中で、「上半身を鍛える人」と「下半身を鍛える人」の2通りにくっきり分かれます。

上半身系のマシーンは人気で、下半身系のマシーンは空いています。

気持ちはわからなくはありません。

女性ならバストアップしたいし、男性なら大胸筋を鍛えたいし腕を太くしたいから、上半身の筋肉ばかり鍛えてしまうのです。

下半身は、どんどん衰えていきます。

足の筋肉、お尻の筋肉がどれだけ若いかで、その人の肉体年齢が決まるのです。

上半身を鍛えると、60代でもそこそこ筋肉がついて見た目が変わります。

ただし、逆に歩くのがおっくうになります。

ギックリ腰になったり、肉離れを起こしたり、姿勢が悪くなります。

下半身を鍛えていないから、アンバランスになっているのです。

足を鍛えるのは地味ですが、それをやっておくことは大切です。

足を鍛えるマシーンはたくさんあります。

歩くだけでもいいのです。

60代を楽しむために

その22

下半身を鍛えよう。

足を鍛える人は、大人になる。足が衰えると、老人になる。

私は今、ジムには行っていません。
コアトレーニングはしています。
ボールルームダンスとボイストレーニングも毎週やっています。

ただ、美術展は月に30件行っています。
年で360件は回っています。
ホームページで美術日誌をつけていますが、美術館に行くと、結果、歩きます。
まず、美術館は駅から遠いのです。
美術館の中でも、絵を見ながら、けっこう歩きます。

さらには美術館は階段が多いのです。
それでも歩いている感がないのが美術館のいいところです。
気がついたら、4時間くらい平気で歩いています。
単に4時間歩けと言われても、とても歩けません。
美術館は、見てまわっているうちに4時間たってしまうのです。

上野には美術館がたくさんあります。
端から端まで歩くと、けっこうな距離です。
あちこち行っているうちに、知らないうちにそこそこの距離を歩いてしまいます。
階段を上るのも、いい運動です。
ただ歩くために歩いていると、飽きるのです。
好きなものがあると、必然的に歩くことにつながります。
ゴルフでも、ノーカートの人はたくさん歩いています。
一番いい運動が「歩くこと」です。

自分の趣味のためには歩かざるを得ないのです。
百貨店もかなり歩いています。
特に女性は、3軒のデパートのはしごを2回繰り返します。
「これキープ」と言いながら、最終的に買わないこともあります。
ショッピングは、けっこういい運動になっているのです。

60代を楽しむために
その23

好きなもののために、歩こう。

見返りの学びから、面白さの学びへ。さらに、人格向上の学びへ。

勉強のモチベーションには3つあります。

第1段階は、「見返り」の勉強です。

学生時代は、「それをすると試験に通る」「先生・親にほめてもらえる」「みんなから『凄いね』と言われる」という見返りです。

会社に入ると、「英語の勉強をすると役職が上がる」「手当が出る」と、報酬につながります。

第2段階は、勉強しているうちに「面白く」なります。

これは、見返りから離れます。

見返りがなくても、これはこれで面白いとなるからです。

「そんなことして何になるの？」と聞かれて、「何にもならないけど面白いからしている」というモチベーションです。


第3段階は、勉強していると「人格」が向上してきます。


これこそが勉強していくことの最上位のメリットです。

この段階になると、面白いということも、どうでもよくなります。

淡々としてきます。

これは習いごとでも同じです。


私は空手部でした。

空手を習うモチベーションは、「町でカツ上げに遭った女の子にいいところを見せたい」という気持ちだけでした。

これは「見返りの勉強」です。

実際に空手を始めると、しんどくて、簡単にはできませんでした。

「これなら、カツ上げで殴られている方がまだラクだ」と思ったほどです。

それでも、続けて1年ぐらいたつと、「あれ、これはこうかな」と、できなかったことができるようになります。

今まで力の入れ方のコツなどわからなかったことが、ふっとできる瞬間があるのです。

そうすると、今度は面白くなってきます。

続けていると、いつの間にか精神的な変化が生まれるのです。

私は空手部にいて、自分自身のモチベーションの変化に気づきました。

精神的な変化まで来ると、「面白いとかそんなことはどうだっていいや」という世界になります。

「それをしていて面白いですか」と聞かれた時に、「一番最初はブルース・リーやジャッキー・チェンから入って面白かった。いつの間にか、もう少し精神的なところに来ている」と答えるのが武道の世界です。

スポーツまでの段階では、「勝つと面白い」「できるようになると面白い」という面白さの学びがあります。

それがスポーツから武道に変わっていく瞬間に、メンタルのところへたどり着きます。

いきなりメンタルにボンと飛び込む必要はありません。

「精神を鍛えたいから」と言って空手部に入る部員は、大体すぐやめます。

あまりにもしんどすぎるからです。

現世的な見返りを求めて入ってくるのは、最初のしんどさを乗り越えるモチベーションとしては正しいのです。

見返りを求めて勉強し続けていくうちに、モチベーションがどんどん変化していくのです。

60代を楽しむために
その24

技術より、人格を磨こう。

きちんと、座る。

たとえば、「今度お茶会に誘われて行くんですけど、お茶の作法がわからないんです。どうしたらいいですか」と聞く人がいます。

その時にするべきことは、たった1つです。

きちんと座ることです。

「私、ダンスができないんですけど、ダンスパーティーに呼ばれたんです。どうしたらいいですか」と聞かれた時は、私は「きちんと座って、きちんと立って、きちんと歩けば大丈夫」と、アドバイスします。

正しいステップや作法はまったくいりません。

そうすると、「座っているだけでいいんですか。それなら簡単にできる」と言う人がいます。

ただ、きちんと座ることはなかなか難しいのです。

「きちんと座る」とは、何があっても動じないということです。

予期せぬ出来事が起こって、ドンガラガッチャンと誰かが大きな音を立てても、きちんと座っている人は、平然と「大丈夫ですか」としていられます。

きちんと座っていない人は、「大変なことが起こった！」と大騒ぎします。

レストランで、誰かがワイングラスを割った時に、ワッとビックリする人は、きちんと座っていない人です。

きちんと座っている人は、大騒ぎしません。

何か小さいことが起きた時に、すぐ大騒ぎする人は、きちんと座れていないのです。

「諸行無常」は、「いいことは長く続かない」と解釈している人が多いのです。

これは間違いです。

「諸行無常」は、「すべてのことは長く続かない」という意味です。

世の中のことはすべて不変なものはなくて、いいことも長く続かないけれども、悪いことも長く続かないというのが諸行無常の考え方です。

諸行無常の意識でいる人は、何が起きてもあたふたしません。

いいことが起きても、やがてよくないことが起こるし、よくないことが起きても、そのうちいいことが起こると考えます。

だからこそ、いいことが起きてもはしゃがないし、悪いことが起きても落ち着いていられるのです。

諸行無常は、「いいことは起こらないんだよね」とネガティブに捉える必要はありません。

前向きな言葉として、常におだやかな気持ちでいればいいのです。

おだやかな気持ちでいられるかどうか、20代と60代で比べると、圧倒的に有利なのは60代です。

60代の方が長期戦で物事を見られるからです。

たとえば、株価変動のローソク足を見る時は、1週間の動きと10年の動きで見るのとでは圧倒的に違います。

10年の動きで見るとたいした変化はなくても、1週間の動きを見ると乱高下をしていることがあります。

それと同じです。

何があってもあたふたしないのが大人の60代なのです。

60代を楽しむために
その25

何があっても、あたふたしない。

習いごとは、勉強コースか、楽しみコースか決める。

「中谷さんの本に、『習いごとは一流の人に習った方がいい』と書いてあったので、一流の人を紹介してください」と、知りあいからも知らない人からも問い合わせが来ます。

習いごとには、

①勉強コース
②楽しみコース

の2つがあります。

どちらを選ぶかは自由です。

中には「共通じゃないんですか」と聞く人がいます。

２つのコースは、まったく違うものです。

楽しみコースは、初日から楽しめるようになっています。

勉強コースは楽しくありません。地味だからです。

基本の勉強から始まって、地味だからです。

勉強するためには、最初に地味なところを通り越えないと上に載せていけません。

先生も、最初に「楽しみコースですか。勉強コースですか」と聞いてくれます。

「すみません、楽しみコースでお願いします」と、正直に言っていいのです。

勉強コースを希望する人は、厳密な数字で言うと１万人に１人です。

それぐらい勉強コースを頼む人は少ないのです。

お茶やダンスの先生は勉強コースを歩んできた人です。

楽しみコースを選ぶ人は楽しんでいただければいいという幅広い気持ちを持って先生は教えてくれます。

楽しみコースを選んでも、先生に対して失礼なことはありません。

最も失礼なことは、「勉強コースでお願いします」と言って、覚悟もなくいいカッ

コをすることです。

そういう人は、「中谷さんの本で『基礎から勉強した方がいい』と書いてあったから」と言います。

楽しみコースがいい人は、楽しみコースを選んでいいのです。

勉強コースの人は、基礎から勉強する必要があります。

その分、最初は地味で、「ダンスを習いに来たのに、なんで姿勢ばかり直されるんだろう。つまらない」と、やめたくなる瞬間があります。

そういう時は、「自分は勉強コースを選んだから」と思うと、やめないで済みます。

ヘンに見栄を張って、楽しみコースがいいのに勉強コースを選ぶと、先生に一番迷惑がかかります。

先生が勉強コースで教え始めると、「意外に地味ですね」と言ってやめてしまうのです。

「やめたくなったらやめればいいじゃないか」という考えは間違っています。

先生が自分の一生と命を賭けているものを教えてくださっているのに、「ちょっと仕事が忙しくなったので、しばらくお休みします」というノリで片手間にしないことです。

究極は、茶道の世界です。
茶道を勉強コースで習う人は、弟子入りしたということです。
そこで「ちょっとすみません、その日は仕事があるので」と言うのは失礼です。
出家の覚悟に近い世界が勉強コースになります。
よく「一流の人を紹介してください」と言う人がいます。
一流の人は、楽しみコースを選んでいません。
たとえば、Aさんが一流の人を紹介しました。
しばらく習ってから、思っていたものと違うと気づくことは当然あります。
そこで、「なんか違うな」と思ってやめると、それだけでは終わりません。
「いい加減な人を連れてきた」と、紹介したAさんが破門になります。
紹介をするとは、「万が一の時には、あなたが責任をとれますか」という意味です。

一流の人に「今度、こういう人が勉強コースで習いたいと言っているんですけど、お連れしてよろしいですか」と言うと、「大丈夫な人ですか」と、必ず聞かれます。

紹介するとは、借金の保証人になるのと同じです。

この質問は、「ちゃんと覚悟を持って来ている人ですか」という意味です。

借金と違うところは、依頼している側が「返さなくてもいいかな」という軽い気持ちだということです。

みんなここで失敗するのです。

60代になると、紹介魔になる人が出てきます。

人に紹介することによって自分の役割感を味わいたいという気持ちから、紹介好きになってしまうのです。

紹介は、本当は凄く責任が重いことです。

紹介する側も、された側も大きな責任が生まれます。

自分が紹介したことによって、万が一のことが起きた時に、お世話になっている人だけでなく、それ以上に知らない人にまで迷惑がかかるという覚悟を持っておけばいいのです。

京都の老舗ではいまだに、お店でごはんを食べる時ですら請求書は紹介者のところに行きます。

紹介してあげた人の費用まで払うというのが、紹介の意味です。

紹介されたお客様がお店に対して何か失礼なことをしたら、紹介した人がそのお店に出入禁止になります。

ちゃんとした世界での紹介と、合コンでの紹介は、同じ「紹介」という言葉でも意味がまったく違うことを理解しておく必要があるのです。

60代を楽しむためにその26

簡単に紹介してもらわない。

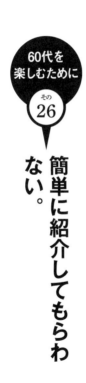

元の肩書にとらわれないことで、再雇用が楽しめる。

60歳を過ぎて退職した後、別の会社で働く時に、「うまくいく人」と「いかない人」がいます。

この時の分かれ目は明解です。

うまくいく人は、元の肩書にこだわらない人です。

うまくいかない人は、「オレはあの会社で部長をしていた人間なんだよ」「局長をしていた人間なんだよ。なんでこんな若造にこんなことを言われなくちゃいけないんだ」と思っている人です。

たとえ口に出さなくても、そういう気持ちが1ミリでもあると、「あの人、使いにくいですよね」となります。

チームの和を壊すことになり、いない方がいい存在になってしまいます。

「仕事ができる・できない」はまったく関係ありません。

60歳になると、今までしていた仕事とは違う形の仕事に入ることもあります。

「オレは元局長なんだぞ」「オレは元部長なんだぞ」という気持ちが湧いた瞬間に、ざわざわという感じが起こります。

まわりとのチームワークがとれなくなります。

自分自身も楽しめないし、うまくいかなくなります。

元の肩書には一切こだわらないことです。

元の役職を覚えていない、生まれ変わったんだという気持ちの人は、再雇用でうまくいくのです。

60代を楽しむために
その27

元の肩書に、こだわらない。

「うまい」かどうかは、意味がない。「うまい」は、ほめ言葉にはならない。

60代から楽しめる人は、「うまい・ヘタ」にこだわらない人です。

60歳まではうまいかヘタかの世界なのです。

「うまい・ヘタ」の世界では結果を出せるか出せないか、実績があるかどうか、効率的に生産性を上げることができるかどうかが勝負です。

ヘタよりはうまい方がいい、どうしたらうまくなれるかということにこだわってきました。


60歳を過ぎると、全員がアーティストの世界なのです。

芸術の世界は、うまい・ヘタは関係ありません。

美術館に行って「うまい」というほめ言葉はないのです。

「なんだこれは」はあっても、「うまい」という表現は、芸術では成り立ちません。

点数がつく世界では、うまい・ヘタがあります。

芸術の世界では、赤と黄色のどちらがうまい色かということでは、点数をつけられません。

それと同じように、60歳を過ぎたら、上下関係やうまい・ヘタのない世界に入っていけばいいのです。

うまい・ヘタにこだわらないことで、逆に自由になれます。


私は、最初の書画集を出す時に、書道家の増永広春先生に「僕は書画集を出していいんでしょうか」と相談しました。

広春先生に「出しなさいよ。うまいとかヘタとか考えないで出せばいいんです」と言われた時に、力が抜けました。

「世の中にはもっとうまい人がいっぱいいるのに、自分はこれを出していいのか、うまい・ヘタの上下関係で物事を考えていたけど、そうじゃない何かがあるんだ」と気づいたのです。

たとえば、ダンスの競技は順位がつく世界です。

うまい人が1位ではありません。

うまい・ヘタは、ジャッジのポイントにはなっていないのです。

出場者全員がうまいからです。

うまいのは当たり前の話で、そこを超える何かがあるかどうかが大切なのです。

うまいを目指していくのは60歳までで終わりです。

60歳を過ぎたら、うまいとかヘタではなく、それを超えた何かがあるかどうかです。

15代将軍まで続いた徳川家は、武家の教養として、絵と字のトップの先生が家庭教師につきました。

お手本を見て習うことは、好きな人と嫌いな人がいます。

15代将軍までの中で、3代将軍家光と4代将軍家綱の2人は絵が好きでした。

家光の絵の師匠は狩野探幽《たんゆう》です。

作品としては、決して上手とは言えません。

それでも、自由に描いているのです。

家光の作品は今も残っています。

鳳凰を描いているのですがどう見ても、しっぽの長いヒヨコにしか見えないのが、家光の描いた鳳凰なのです。

私はその作品を見て、「さすが将軍は、うまいとかヘタを超越した、自分が描きたいものを描くんだな」と感心しました。

狩野探幽の絵を手本にして描くと、シロウトの絵は明らかにヘタです。

狩野派の一番下っ端の弟子よりもヘタです。


60代から自分の好きなこと、趣味の世界を志す時は、この家光の気分でいればいいのです。

それこそが最も自由に描く方法なのです。

あれだけなんでも描けるピカソが、ヘタウマのアンリ・ルソーの絵に「かなわない」と言いました。

「お手本」とは、常識の中で一番いい形のものを言います。

時にそれは、ステレオタイプに陥ります。

それよりも、「自分はこう感じた」という感覚を優先していけるのが60代からの生き方なのです。

60代を楽しむために
その28

「うまい・ヘタ」に、こだわらない。

世間のランキングを、気にしない。

60代は情報化社会からの解放です。

たとえば、ラーメン屋さんやカレー屋さんがあると、「ここは何点」と、その店にランキングがついているのが情報化社会です。

それが本当においしいかどうかは、人それぞれ好みの問題です。

料亭「菊乃井」の三代目主人、村田吉弘さんは、「料理は星はつけられない。だって好みだから。究極は、お母さんの味にはかなわないから」と言っています。

60代に星はつけられないのです。

明治時代になると、薩長が江戸に入ってきました。

江戸時代は、末端の江戸庶民の文化度がべらぼうに高かった時代です。

庶民まで家に浮世絵を飾っていました。

そこに来た薩長の下級武士が江戸文化の粋を理解できず、江戸の幕末からいる画家は、薩長から冷遇されることになったのです。

冷遇時代の代表が河鍋暁斎《かわなべきょうさい》です。

その河鍋暁斎を「凄い」と言ったのが、お雇い外国人の建築家ジョサイア・コンドルです。

お雇い外国人とは、「殖産興業」「富国強兵」を進めようとした政府等に雇われた外国人のことです。

外国人が予備知識や先入観なく絵を見た時に、「河鍋暁斎は凄い」と、冷遇されていた河鍋暁斎を評価して弟子入りしたのです。

医学者のエルヴィン・フォン・ベルツ博士や実業家コレクターのエミール・ギメなど、外国人がどんどん河鍋暁斎の絵を評価しました。

彼らは、日本の当時の権威の評価などまったく考えないで、素直な自分の目で見たのです。

この時代に廃仏毀釈《はいぶつきしゃく》が起こり、仏教が排斥され、日本の仏像がどんどん海外に出ていったのは、外国人が買いあさったからではありません。

外国人は、世の中の流行とは関係なしに、自分の目で見て「これはいい」と思ったものをどんどん買いました。

そういう経緯で、若冲《じゃくちゅう》の絵も多く海外に流れていったのです。

日本では、情報化社会になる前から、どんな時代においてもランキングがありました。

ランキングに目を奪われると、「自分はこれがいい」と思うものが見えなくなってしまいます。

「うまい・ヘタ」と、「自分はこれがいい」と感じるものは違います。

60代からは、自分の「これがいい」という基準を持つことが大切なのです。

60代を楽しむために
その29

自分ランキングを持とう。

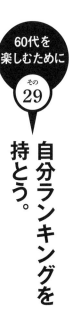

家族の価値観の違いを尊重する。

60代になると、親の介護や、親に万が一のことがあった時の延命措置や治療の仕方をどうするか考えておく必要があります。

このことは、親とではなく、兄弟と相談しておくことです。

私は、妹に「お互いに気を使いすぎないようにしよう」と言いました。

人間は、お互いの意見が分かれるだけでなく、お互いが気を使いすぎるのが一番ムダなストレスになります。

私は、父親に「家族みんなで気を使いすぎないことを基本方針にしていこう」と言いました。

子どもが成長すると、みんなそれぞれに家族がいます。

それぞれ事情があって、価値観も分かれています。

家族の1人1人が納得いくようにすることが大切なだけで、そこにコンセンサスをつくる必要はまったくありません。

唯一考えられるのは、「気を使いすぎないようにしよう」というコンセンサスです。家族関係が一番うまくいかなくなる人は、仲よしの家族です。

仲よしすぎて、みんなで一つのコンセンサスをつくろうとして、結局ぶつかり合います。

逆に、つかず離れずの距離感を持っている家族の方が仲がいいのです。

60歳を過ぎると、子どもが結婚して新たな家族ができたりします。

家族ができるということは、奥さんや旦那さんのご実家もあり、関係性が増えます。

関係性が増えれば増えるほど、一番身近な人とは、近づきすぎないことです。

適度な距離を保って接することが、仲よくしていくコツなのです。

60歳を過ぎてから離婚する人が多くなりました。

奥さんが、今まで家にいなかった旦那さんが1日中家にいることに耐えられないからです。

特に日本のサラリーマンは、夜遅くまで会社にいて、家に滞留する時間が短いのでまだ奥さんはガマンできました。

その旦那さんが退職して朝から晩までソファに寝っ転がられていたら、息苦しくてしょうがないという状態になります。

60歳を過ぎて、会社を辞めて家にいる時間が生まれたら、今まで会社に行っていた時以上に距離感をとることです。

その方が、結果として仲よくなれます。

冷たいことではありません。

優しいから、距離をあけるのです。

これは、すべての人間関係で同じです。

友達も仲よくなりすぎると、必ず絶交が起こります。

「君子《くんし》の交わりは淡きこと水のごとし」で、「あ、いたの?」というぐらいの感じがいいのです。

離れたところから、時々気を使う程度にします。

博報堂で私の師匠の藤井達朗の究極の代表作は、サントリーレッドの「すこし愛して、ながく愛して。」のコピーです。

あの言葉は、60歳を過ぎた人にとって、配偶者や家族とのつきあい方で大切なセリフです。

普通、愛は多い方がうれしいのに、「すこし愛して」と表現するところに師匠の哲学があるのです。

60代を楽しむためにその30

一定の距離を保って仲よくしよう。

スピードより、長さで勝負。

60歳を過ぎて体力が落ちてくると、スピードで勝負できなくなります。

今はマラソンブームで、市民ランナーが増えています。

「だんだんしんどくなってきちゃった」と言っても、今までフルマラソンに出ていた人がハーフマラソンにして距離を縮めることは、ほとんどありません。

「ちょっとフルマラソンはしんどくなっちゃったから、100キロにするわ」と、逆に距離を延ばす人が圧倒的に多いのです。

「やっぱりフルマラソンはスピード競争だな。100キロになると、結構メンタル力がいるんだよね」と、歳をとってくるとメンタルで勝とうとします。

若い選手が活躍するフィギュアスケートや水泳、器械体操は、まずバランス力、器用さが必要です。

次の年代は、筋力、持久力のいるスポーツを目指します。

その次の年代の人がするスポーツは、メンタル力で勝負します。

スポーツの選び方として、メンタル力のスポーツを選ぶ人は、どんどん距離を長くしていくのです。

42キロのマラソンより、100キロから160キロまであるウルトラマラソンに参加している人の平均年齢の方が高いのです。

それは、スピードではなく、長さやメンタルの勝負です。

60代からは、スピードや技術力、体力よりも、メンタルで勝てるものにスライドしていくことが競技を楽しむコツです。

これは競技だけに限りません。

60歳を過ぎたら、短期決戦よりも長期戦で挑んでいくやり方が良いのです。

たとえば、ピアノを習う時に「バイエルからやりますか」と聞かれると、若い人は「エッ、バイエルですか。まず1曲弾けるようにしてください」と言う人が多いのです。

ダンスを習いに来る人でも、立ち方・座り方・歩き方の基本からではなく、「とにかく1曲踊れるようにしてください」と言うのは若い人です。

逆に、60歳を過ぎると長期戦に強くなります。

「基本からお願いします」と言うのは、60歳を過ぎた人が圧倒的に多いのです。

学生時代に受験がしんどかったのは、短期決戦だからです。

結局、3月の試験までというデッドラインが決まっている中で効率的なやり方をするから、「ここ、面白いのに」という部分で立ち止まって勉強をしているヒマがありませんでした。

予備校の先生も、「ここが面白いんだけど、これは大学に入ってからやりなさい」と、面白い勉強についてあまり言えなくなってしまいました。

これが、予備校が普通の学校のようになってしまった余裕のなさです。

本来、勉強の面白さは締切がない中でするところにあります。

仕事についても、締切がない中でどこまでもやると、がっつり基礎からいけて、長期戦に持っていけ面白くなってくるのです。

60代を
楽しむために

その
31

長期戦に持ちこもう。

人の名前を思い出せないのは、いいことだ。思い出せないくらい多くの体験をしているからだ。

60歳を過ぎると、「人の名前が思い出せない」と言う人がいます。
これは、いいことです。
人の名前が思い出せないのは、「誰だっけ」と顔がわかっているということです。
それは、新しい人に出会っている証拠です。
新しい人に出会っていなければ、覚えている人の顔と名前が一致します。
人間の頭脳の役割は、顔を覚えるのは右脳、名前を覚えるのは左脳です。
左脳は、年齢とともに行き詰まりをみせます。

逆に、右脳は無限に伸び続けます。

「顔を見たことがあるんだけど、誰だっけ」と言う人は、右脳が伸び続けているのです。

東京ステーションギャラリーの冨田章館長、三菱一号美術館の高橋明也館長、明治学院大学の美術史の山下裕二教授の3人が、「初老耽美派」というユニットをつくりました。

活動方針は、「ぼーっと仲よく作品を眺めること」です。

この3人は、カッコイイ60代のお手本です。

でも美術界のトップの3人が、ずっと「ほれ、あれ、誰だっけ」と言うのです。

博覧強記《はくらんきょうき》の3人の会話で「ほれ、あれ、誰だっけ」が出てくるのは、どんどん新しいものを見ているからです。

さすがです。

60歳を過ぎると、「1日がたつのが早い」と感じるようになります。

子どものころはあんなに1日がたつのが遅かったのに不思議です。

新しい体験をすればするほど、1日の密度が高くなります。

時間がたつのが早いというのは、いいことなのです。

恋人といる時間は楽しいし、楽しいことをしている時間はあっという間に過ぎます。

その後、振り返った時に何も残っていないということが一番よくありません。

デートの時間は、たつのは早いけれども、振り返ると「あんなこともした」「こんなこともあった」と、たくさんの出来事を思い出せます。

子どもが1日を長く感じるのは、子どもにとっては今までの体験量があまりにも少なくて、やることなすこと新しいことだからです。

この記憶は、振り返ると長く感じるのです。

歳をとって大切なことは、新しいことをすることです。

振り返った時に何も残っていないと、あっという間に時間がたってしまいます。

時間は、誰にとっても同じだけ与えられます。

物理的に過ぎる時間の中に密度を足すことができるのは、どれだけ新しいことをしているかです。

60代からは、覚えられないぐらいたくさんの体験をすればいいのです。すぐに思い出せているようでは、まだ体験が足りないのです。

60代を楽しむために その32

覚えられないくらい体験を増やそう。

する前には、目的はわからない。目的は、してから気づく。

60歳からは、目的からの解放です。


60歳までは何をするにも目的があって、いかに目的を達成するかが勝負でした。

目標達成率を気にして、より早く100%に近い目的を達成することが一番大切だったのです。

60代の人と話をすると、

「中谷さんは、ふだん、何をされていますか」

「時間があれば美術館に行っていますね」

と答えます。

「何か本を書かれるんですか」

「いや、別にそのためではないです」

「ダンスをされているのはなんのために？」

「いや、なんのために、はないんです」

「なんかあるでしょう。なんで隠すんですか」

「いや、隠していないから」

と、よく目的を聞かれます。


目的意識ガチガチの人は、目的なしに人間は行動しないと考えているのです。実際は、いろいろなところに行くと「そうか、ここへ来たのはこれを見るためだったんだな」と、後でわかります。


これが「感動」です。

事前にわかっている目的は、達成されても「ああそうですか」という感じで終わります。

逆に、目的なしにしたことで、「そうか、ここへ来たのは、これに出会うためだったんだな」と、後でわかった時の感動は大きいのです。

60歳まで目的意識で頑張って生きてきた人は、目的から解放されることによって、もっと大きな目的を持つことができます。

ビデオを借りに行って、借りたいビデオがなくて、仕方なく借りたビデオが大当たりだったということがよくあります。

事前の目的意識がないからです。

再就職でも、うまくいく人といかない人がいます。

「60歳を過ぎて定年になったらこの仕事をしてみたい」と、ずっとしたかった仕事についた人は意外にうまくいかないのです。

自分で「この仕事はこうであるに違いない」というイメージを固めてしまっているからです。

それよりは、「断りきれなくて受けちゃった。断ればよかった」という仕事をした人の方が「意外に面白いんですよ」となります。
60歳まではまじめで一生懸命な人や仕事ができる優等生ほど、目的意識という
レールの上を走ります。
その目的をつつがなく、100％に限りなく近く達成してきました。
60歳からは、目的意識から解放された方が楽しい人生が待っています。
私も仕事を頼まれた時に「エー、これ、ちょっと受けちゃったな」という仕事の方
が楽しいことがあります。
人生においては、別の目的で行ったことが、「これの方が面白いな」という違う目
的に出会うこともあるのです。

60代を楽しむために
その33

目的意識を捨てよう。

目的なしに旅行すると、新たな出会いがある。

60歳になってリタイアすると、急に時間が余って、それまで行けなかった旅行を何年か続ける人がいます。

一通り旅行した後は、することがなくなり、ヒマで元気がなくなるという人がけっこう多いのです。

こういう人は、旅行の仕方を間違えています。

何カ国まわったという確認のために旅行をしていたのです。

旅行は、何カ国もまわる必要はありません。

1カ所行って面白ければ、またそこに行くという繰り返しをしていると、また別の行きたいところが出てきたりします。

パスポートにハンコを集めるだけの作業はNGです。

目的を持って旅行していると、目的がなくなった時に終わってしまいます。目的なしに旅行すると、そこで新たな出会いがあります。

たとえば、インドに行って、おなかを壊して下痢して帰ってきた人が、また行って同じ場所で料理を食べました。

「なんのために？」と聞くと、「いや、なんのためにじゃないんだよね。またそれを体験したくなった」と言います。

ただ、「〇〇は行きました」というハンコを集めてまわる旅行の仕方をしないことです。

私が「旅行好きなんですよ」と言うと、

「何カ国くらいまわりました？」

と聞かれます。

「わからない」

と答えると、
「僕は○カ国まわったけどね」
と言う人は、ハンコを集めてまわることを作業にしているのです。

旅行に限らず、「外国語が好きなんですよ」と言った時に、「何カ国語ぐらいできるんですか」と聞かれると、「何カ国とか関係ないけどな」とガッカリします。
数を競い合ったり、「○○はまだ行かれていないんですか」と聞くのは、結局、勝ち負けにこだわる人です。

60代からは、目的を持たずに、体験を楽しめることが大切なのです。

60代を楽しむために
その34

目的なしに、旅してみよう。

オチのない話を、楽しむ。

話をする時、みんなから愛されない老人は、「つまり、何が言いたいの？」「オチは？」「教訓は？」と思わず聞いてしまいます。

オチや教訓、筋のない話でも、面白い話はたくさんあります。

私は、稲川淳二さんの「ミステリーナイトツアー」に毎年行くようになって、27年になります。

稲川さんの怪談の面白いところは、オチがないところです。

最後はフワーッと「不思議な話ってあるんですよね」の言葉で終わります。

これがなんとも言えない余韻なのです。

イッセー尾形さんの1人芝居もオチがありません。

フワーッと終わるのです。

フランス映画もいきなり終わります。

アメリカ映画のラストはバチッとオチがついて、拍手が起こります。

どんでん返しのストーリーもあります。

それとは対照的に、フランス映画は「エッ?」というところで終わります。

そこになんともいえない香りや余韻があるのです。


60歳を過ぎた男性が好きなものは、「名刺」と「会議」と「スピーチ」の3つと言われています。

オヤジの好きなものがスピーチとは、言い得て妙です。

オヤジのスピーチのつまらなさは、「オチ」と「教訓」が入っているところです。

「オチ」と「教訓」を入れないといけないと思うから、話がダラダラ長くなってしまうのです。

話に「オチ」や「教訓」はいりません。

「だから何なんだ」という人は、「教訓がないじゃないか」と怒っているのです。
60歳を過ぎたら、「オチ」や「教訓」からの解放をテーマにすればいいのです。
60歳を過ぎた人が好きなもので、みんなから迷惑がられるものは「アドバイス」です。

本人が機嫌よくしていることは、ほうっておけばいいのです。

失敗したら、自分で学びます。

「そんなことしたら、あいつ、失敗するから」という心配はいりません。

人間は、失敗を通して学ぶべきことがあります。

「こうした方がもっとうまく書けるのに」と思っても、本人はうまく書くためではなく、自分のしたいように書いているのです。

打ちっ放しのゴルフ練習場にいる教え魔のおじさんのように、「もっとこうすればいいのに」という見方をしていると、世の中のいろいろなものが味わえなくなります。

会社で、部下が書いた企画書に対して「これをもっとこう直せ」と言っていた習慣を引きずらないことです。

会社を卒業したら、相手が失敗しても自分のせいではありません。

人間は、60歳までは完璧を求めて正解へ近づいていこうとします。

60歳からは、「ここ、もうちょっとこうした方がいいのに」と言わずに、「味があるよね」と言えることとです。

「作品としては、あえてそこをしくじっているところがいいんだな」

「これをすると完璧すぎるから、しない方がいいね」

と、完璧すぎないところを評価すればいいのです。


姓名判断をする人は、生年月日を聞けば完璧な名前をつくれます。

それでも、完璧な名前はわざとはずします。

完璧な名前をつくると、よくないことが起こるそうです。

満月の後は欠けるだけというのと同じです。

満月の一歩手前でとめておくのが一流のやり方です。


アドバイスしたい気持ちが湧いた時は、「むしろ、そこがいいんだね」と思えばいい

いのです。

60代を
楽しむために
その
35

「そこがいい」を楽しもう。

「おいしさ」より「苦さ」を楽しむ。

60歳までは「おいしさ」を求めてきた人生とすると、60歳からは「苦さ」を求める人生です。

絵の印象をあらわす表現は、「きれい」「かわいい」のほかに、「不気味」があります。

禅画には、だるまや布袋さんなどのキャラクターが出てきます。

一番不気味なのが、「寒山《かんざん》・拾得《じっとく》」という2人組の僧です。

本来、禅画は怖い顔をしているのに、寒山・拾得はいつも笑っています。

この笑い顔がなかなか不気味なのです。

人間は、心の中でどこか不気味なものに惹かれるところがあります。

不気味は怖いですが、「味」とつくように、人間の心の裏側に貫通するぐらいの要素があります。

超絶技巧の「凄さ」に「おとぼけ」という若干の緩さがあるものを見ると、アハハと笑ったり、体に入っていた力が抜けます。
芸術が持っている力は、見た人を緊張させるのが「不気味」とすると、「おとぼけ」は心を緩和させてくれます。

「おいしい」「凄い」より、「苦い」「おとぼけ」が60代の楽しむべき味わい方です。

50代までは、不気味だけれども、なんか気になるというものがまだわからないのです。
子どものころは、かわいいものが好きです。
「かわいい」の中に「不気味さ」が入ってくるのが、大人の60代の味わい方なのです。

60代を楽しむために
その36

「凄い」より「おとぼけ」を楽しもう。

売り物ではないから、思いどおりできる。

60歳からは、究極のシロウト芸を味わえます。

たとえば、60代から「絵をやるんです」「習字をやるんです」「楽器をやるんです」「ダンスをやるんです」という時に、もはやプロの世界を目指すわけではないのです。

プロではない強みは、「売り物ではない」、それで「商売しているわけではない」、それで「食べているわけではない」というところにあって、そこには緊張感がないのです。

商売から解放されて、思いどおりできるということです。

ゴッホは、37歳で亡くなっています。

彼は後の美術の流れを大きく変えた存在です。

彼の絵に出会って、そうそうたる画家が生まれていきました。

ゴッホは多作です。

それなのに、生前には1枚しか売れていないのです。

生前に作品が売れていたら、ゴッホは美術史上に名前が残っていません。こうしたら売れるという描き方に引っ張られていくからです。

作品が売れると、「こういうのを描いてください」という注文が来ます。

ピカソは、それがイヤで、わざと画風をどんどん変えました。

自分が描いた絵がアマチュアの作品で、売り物にならないということは、逆に100年ぐらいたった時に凄い評価が出てくる可能性があるということです。

60歳までは稼ぐ時代でも、60歳からは稼がなくていい時代です。

60代は、稼がなくていい人しかできない強みを認識して、それを存分に味わっていけばいいのです。

60代を楽しむために

その37

商売から、解放されよう。

モノより体験の多い人が、幸福感を感じる。

親が子どもをスポイルする一番の方法は、欲しいモノを全部与えることです。

子どもは「あれ買って」「これ買って」と言います。

言われたモノを全部与えていると、その子どもは幸福感を持たなくなります。

子どもには体験をさせることです。

子ども時代の体験量が多い子どもは、幸福感を多く感じます。

実際、私は本をそんなに買ってもらった記憶がありません。

小学校時代の私の愛読書は3冊だけです。

その3冊で、小学校6年間の読書感想文を書いていました。

大人の本は、父親の読む本が全集としてそろっていました。

それは、子どもが読むには難しいものでした。

そのおかげで、私は本に飢餓感を持てました。

よそに行って本があると、すぐに読んだり、本屋さんでの立ち読みの忍耐力もつきました。

これは子どもだけのことではありません。

人間は、60歳を過ぎると1歳からまたスタートします。

60代では、モノを持っても幸福感は得られないので、モノにかけるお金や労力を体験にかけます。

モノを減らして体験を増やしていくのです。

モノを売ってでも体験を増やすというやり方で身軽になっていくことが大切です。

よく美術館に「忙しくて行けないので、カタログだけ送ってください」と、問い合わせる人がいます。

美術館的には、カタログが1冊でも多く売れた方が売上げが上がっていいのです。

それでも、「カタログを見て、見た気分になられても困るんだけどな」という切ない気持ちになります。

同じ料金があるならば、カタログだけを買うよりも、往復の運賃を払って、カタログは買えなくても美術館でナマの作品を見ておく体験が、いい体験になるのです。

60代を楽しむために その38

モノより、体験にお金を使おう。

子どものころの記憶を思い出すと、ゴキゲンな人になる。

子どもの時の記憶がたくさんあり、明確に覚えている人の方が、大人になっても幸福感が強いと言われています。

「子どものことは、私、よく覚えていますよ」と言う人がいます。

実は「自分は覚えている」と思っているだけです。

どれだけ覚えているか比較ができるのは、校歌をどこまで歌えるかです。

みんなが一番歌える校歌は、意外に高校よりも中学の校歌だったりします。

大学は、早稲田であれば早慶戦に行くので「都の西北」と「紺碧の空」が歌えます。

中には、そもそも校歌をあまり歌わない学校もあります。

幸福感の分かれ目は、小学校校歌や、幼稚園の園歌を歌えるかどうかです。

それも、途中でラララにならずに最後までフルに歌える人は幸福感が強い人です。

それは、当時の幸福感ではなく、今の幸福感が強い人です。

今の幸福感を強くしようとするなら、子どもの時のことをたくさん思い出せばいいのです。

子どもの時のことをたくさん思い出す方法としては、記憶は消えてしまったわけではないはずなので、刺激を与えることです。

刺激を与えるには、子どもの時にしていたことをしてみるといいです。

今、私が美術館や博物館を好きなのは、父親に美術館にたくさん連れていってもらったからです。

大阪の町の中へ出て、いろいろな美術館や博物館へ、たった1人で、私の中の冒険として行くこともありました。

今も美術館や博物館に行くたびに、「僕はこれを子どもの時に見たな」という体験がどんどん増えています。

子どもの時に体験していたことを60代でもう一度体験することによって、子どものころの記憶にダイレクトにつながるのです。

自分の孫の年齢のような体験をもう一度やり直せることが、今生きている上においていて、幸福感を強く感じるコツなのです。

60代を楽しむために その39

子どものころのことを、思い出そう。

他人に使うお金は、運を呼び込む。

お金は、「モノ」より「人」に使う方が幸福感を得られます。

この「人」とは、「自分」と「他人」です。

自分に使っても、他人に使ってもいいのです。

一番幸福感を感じられないのは、モノを買ってしまうことです。

モノでは、どこまでいっても幸福感は得られません。

子どもの時は、自分のお金がなくて、親からもらうおこづかいの中で必死に駄菓子屋で選びました。

結局、モノが楽しかったのではありません。

「駄菓子屋で選んでいる体験」が楽しかったのです。

それは予算に限りがあるからです。

お誕生日会の楽しみは、プレゼントを持っていったり、もらうことではなく、プレゼントを選ぶ瞬間です。

今は、学校の遠足のおやつが禁止になっています。

昔は、遠足で300円と決められた予算の中で、スーパーに行っておやつをどう選ぶかを考えるのが楽しみでした。

大人になると、買えるモノが多くなります。

そうすると、ついモノを買って幸福感を得ようとしてしまいがちです。

それよりは、人にお金を使った方が損した感がなくなります。

ほとんどすべての人が損した感を持つのは、「この人にごちそうしてあげるお金で本当は欲しかったあれが買えたのに」という比較が起こるからです。

「この人にごちそうしてあげるかわりに、このモノなら残るけど、ごちそうしてあげたら何も残らない」と考えると、凄い損した感が生まれます。

本当は逆なのです。

人間は、モノを買うかわりに「ごちそうしてあげた」ということで幸福感が湧きます。

モノが残ることは、お得感はあっても幸福感はありません。

「お得感」と「幸福感」は連動しているのではなく、相反するものです。

損した感から幸福感につながるということがわかれば、損したストレスがなくなります。

どんなにお金がある人でも、人にお金を使わないと損した感が生まれることがあるのです。

人に使うお金は、単にお金をあげるだけでもいいのです。

この時に大切なことは、有効にではなく、ムダにあげることです。

「あの人にお金を貸して返ってこない」「あの人は感謝も何もしていない」でいいのです。

悪意なくだまされたり、踏み倒されるというのは、詐欺とは違います。

相手が悪意なく返せないお金を貸してあげればいいのです。

そこで何もストレスを持つ必要はありません。

一番の損は、お金が返ってこないストレスを感じることです。


寄附でもいいのです。

60歳を過ぎると、寄附する人が出てきます。

お金持ちが寄附をするのは、幸福感が生まれるからです。

自分の持ち物をいくら買っても「ここには幸福感がないな」と、お金持ちの人は気づくのです。

お金のない人は、「お金持ちになったり、いいところに住んだらきっと幸せに違いない」と思い込みがちです。

実際は違います。

お金持ちになると寄附するのは、イメージアップのためではありません。

寄附することによって幸福感を得られることがわかるからです。

そのことに一番気づいているのはビル・ゲイツです。

お金持ちでなくても、人にお金を使って「プチ寄附」をすればいいのです。

60代を楽しむために

その40

モノより、人にお金を使おう。

ガマンの努力より、成長の努力をする。

努力は悪いことではありません。

ただし、60代からは、努力の種類を変える必要があります。

50代までは、ガマンする「忍耐の努力」でした。

それに対して、60代は「成長のための努力」をします。

どちらも努力です。

「私は努力しています」と言う人の多くは、ガマンの努力です。

それでは、60代からは幸福感にも、その人の成長にもつながりません。

「こんなに努力（ガマン）してるのに」という不満が残ります。

「これが通り過ぎるのをじっと待とう」とガマンする努力よりは、「昨日より今日、今日より明日、もっと成長して生まれ変わっていこう」と考えるのが、「成長のための努力」です。

60代では、「いい努力」にスライドしていくことが大切なのです。

50代までは成功を目指していました。

60代からは成長を目指します。

「成功」と「成長」は違います。

成功は、他人よりも勝つことです。

成長は、昨日の自分よりも今日の自分が勝つことです。

他者との比較はまったく関係ないのが「成長」です。

成功は、常に他者との比較の中にあります。

「他者に勝とうと思っても、人間は頑張るじゃないですか」という意見は、若干違います。

他者に勝つために、他者を引きずりおろすことによって勝つという勝ち方があるのです。

その方がラクだからです。

ネットの中では、成功の競い合いが起こります。

誰かうまくいきそうな人がいて負けそうな時は、自分が頑張ればいいのです。

情報化社会では、他者を引きずりおろすことで自分が成功をおさめようとしがちです。

情報化社会は、比較が安易にできる社会とも言えます。

60代からは、他者と戦うのではなく、昨日の自分と戦っていくことが大切なのです。

60代を楽しむために
その41

昨日の自分より、成長しよう。

どうせ死ぬなら、勉強してから死にたい。

「成長しても、どうせ死んじゃうじゃないか」と言う人がいます。

「老い先短いのに、勉強しているより遊んでいる方がいいじゃないか」「成長なんか意味がないじゃないか」という意見は違うのです。

人間は、昨日より今日、今日より明日、成長している中で幸福感を味わうことができます。

仏教に「雪山童子《せっせんどうじ》」という話があります。

「雪山」は「ヒマラヤ」という意味です。

雪山童子という少年は、山で出会った鬼から人生について習います。

鬼が途中でやめると、雪山童子が「もっと教えてよ」と言います。

すると、鬼が「おまえを食べさせてくれるなら教えてもいい」と言いました。

私がこの話をセミナーですると、「食べられちゃうんだったら意味ないじゃないですか」と言う人と、「食べられても教えてもらう」と言う人の2通りに分かれました。

雪山童子は、「食べさせるから教えてくれ。教えてもらって死ぬなら本望」と言いました。

実はその鬼は帝釈天《たいしゃくてん》という神様の生まれ変わりで、雪山童子はお釈迦様の前世の姿だったという話なのです。

吉田松陰は29歳の時に伝馬町牢屋敷で処刑されました。

吉田松陰は処刑が決まっているのに、牢の中でずっと勉強していました。

牢番が、「おまえ、処刑が決まっているのに、何勉強しているんだ」と言うと、「いや、勉強しないで死ぬよりは、勉強して死んだ方がいい。勉強しないで死ぬのは一番イヤだ」と言いました。

この意識を60代に持てるかどうかです。
60代からは、「教えてもらえるなら鬼に食べられてもいい」という意識でいることが大切なのです。

60代を楽しむためにその42

死ぬ当日まで、学び続けよう。

相手の意見を否定するより、「ということは？」と吸収する。

60代になってまわりから嫌われるのは、他人の意見に「それは違う」と言う人です。

60代になると、そこそこ自分の意見や自分の哲学を持っています。

長い間生きていて、いろいろな経験しているからです。

当然みんな価値観が違います。

老人の一番のログセは「違う」です。

大体「違う違う」と2回繰り返します。

私の父親の偉いところは、意見が違う時に「違う」ではなく、「ということは？」と言うことです。

明らかに納得いっていないことでも、「ということは？」と言うと、相手の説明の仕方によってはまだ吸収する余地があります。

「ということは？」と言われた側も、もう1回、ロジックを説明できます。

そうなると、考えを整理できます。

反論されると、カチンと来て固まってしまいがちです。

「ということは？」と投げかけられると、「ここに論理の穴がある」「破綻がある」「つじつまが合っていない」ということは、話している側もわかるので、コミュニケーションのやりとりができます。

コミュニケーションで大切なことは、意見が同じになることではありません。

お互いの意見がどんな意見なのか知ることです。

違いはどこにあるのか。

共通点はどこにあるのか。

2人の意見からどういう新しい意見を生み出すことができるか。

そういうやりとりをしていくのがコミュニケーションです。

老人がコミュニケーションできないのは、「相手の意見が間違っている」と自分の意見を押し通すからです。

どちらが正しいかを決めようとしないことです。

勝ち負けで一方的に無条件降伏をさせるというやり方は、コミュニケーションになっていません。

「違う」と言うかわりに「ということは？」と投げかけるのが、コミュニケーションの1つのあり方なのです。

60代を楽しむために
その43

「違う」より「ということは？」と言おう。

「前がどうだったか」を忘れるのが、進化だ。

「成長しています」と、頑張って言う人がいます。

「どんなところでわかるの？」と聞くと、「前はこうしていたんです。でも、今はこうなんです」と答えます。

残念ながら、それは成長のプロセスにすぎません。

「あれ、前はどうしていたのか思い出せない」というのが本当の成長です。

コアトレーニングをしていると面白いのは、なかなかできないことです。

自転車の練習なら、「一生、自転車に乗れないんじゃないか」と思うぐらいのできなさです。

「こんなに単純で、先生が軽々とすることなのに自分はできない。ウーン」と悩んだりします。

何カ月もたったころ、先生に「これ、できてるじゃないですか」と言われました。

自分でも「あれ、できてるな」と気づくと、できなかった時にどうしていたかがもう思い出せません。

これが成長したということです。

60代で「老人」になる人は、前の話が好きです。

「前はこうだった。だけど今はこう」という言い方をします。

大人の60代は、前の話は一切しません。

「これからどうしたいか」という話はしても、前はどうしていたかまったく覚えていないし、関心がないのです。

前はできていなかったという話も、偉かったという話もしません。

相手に対しても「あなた、前はこうだったけど、最近こうだね」という言い方はし

ません。

今よくなったのなら、その部分だけを話してあげることです。

前にダメだった話は一切する必要はないのです。

60代を楽しむために その44

「前は……」から、解放されよう。

世間を出て、世界に出る。

多くの人が20歳過ぎの時に学校から社会に出ました。

でも実際は、「社会」に出ていなかったのです。

「社会」という名の「世間」に出ていたのです。

60歳で会社を辞めると、再雇用されたり、自分で仕事を始めたり、悠々自適で暮らす人もいます。

今度は60歳を境目に、世間から世界へ出るのです。

世間と世界とは違います。

世間には、世間の目があります。

世界には、目がありません。

誰も自分のことなど見ていないのです。

世間にいると、常に自分が誰かから見られているような世間の目を感じます。

「世間」の後ろにかかる言葉は「目」です。

世界に出ると、「世界の目」はありません。

その時、今までいかに世間の目にがんじがらめに生きてきたか気づきます。

50代までは世間の目がなくなればいいと思っていても、60代から世間の目がなくなったとたん、自分のよりどころがなくなるという不安感が生まれます。

それに耐えてこそ「自由」になれるのです。

世界は、何をしようが何も言ってくれません。

ほめもしなければ、けなしもしません。

それを望んでいたのに、いざそうなると「寂しい」と言い始めて寄り集まってしまいます。

60歳を過ぎて同窓会をしたり、新しい世間を構成しようとするのは、成長とは逆の方向へ向かっているのです。

60代を
楽しむために
その
45

世間の目から、解放されよう。

マナーとは、自分を整えることだ。

「大人の60代」は、マナーのある人です。
「老人の60代」は、マナーのない人です。

マナーとは、自分の気持ちを整えることです。

平常心を持ち続けることです。

イラッとしないでゴキゲンでいることです。

ゴキゲンは、結果として出るものではありません。

楽しいことがあるからなるものではありません。

不愉快なことがあってもゴキゲンな表情でいることが、まわりに対してのマナーであり、エチケットです。

マナーは、自分の心の内側から湧いてくるものなのです。

自分が不機嫌になると、まわりに不機嫌を伝染させてしまいます。

ゴキゲンも伝染します。

上座がどこで、名刺をどう出すかより、常にゴキゲンでいることがマナーです。

マナーのある人は、順番を間違えられる、メニューを間違えられる、名前を間違えられる、タクシーを横取りされる、同じことを何回も言わされるという、不愉快なことがあっても、ゴキゲンでいられます。

ゴキゲンでいられないのは、「損したという我欲のあらわれ」です。

順番を抜かされたり、自分のプライドを傷つけられたということで損した感を持つ人がいます。


我欲から不機嫌が生まれます。

大人の60代は、我欲を捨てていけるのです。

没頭している60代は楽しそうです。

みんなに憧れられる存在です。

没頭できない人は、「こういうふうに見られたい」という我欲があるのです。

我欲がある時点で、すでにその人は、そのことに集中していません。

いい字が書ける人は、筆を持ったらさっと書けます。

いい字が書けない人は、筆を持ってしばらく考えます。

この時点で体が固まっています。

ダンスでも、「ハイ、踊りましょう」と言った時に、すっと踊れる人はいいダンスが踊れます。

「エッ、何を踊るんですか」「私、踊れません」と言いわけをたくさんする人は、ヘタに踊っているところを人に見られるのがイヤだという我欲があるのです。

カラオケでなかなか歌わない人は、「上手に歌わないといけない」と思いこんでいます。

「ヘタで音痴だと思われたくない」という気持ちが先行しています。

そういう人は鼻歌が歌えません。

鼻歌が歌える60代は、自分を捨てることができて、没頭できます。

うまいとかヘタにまったくこだわりません。

我欲のない人は、「ヘタだねぇ」と言われても、「そうなんです。ヘタなんですよ」と笑って言い返せるのです。

60代を楽しむために その46

自分を捨てて、没頭しよう。

始める時は、1人で始める。やめる時も、1人でやめる。

60代からは、みんなで動くことはやめて、1人で動くことです。

これは、ひとり旅をした方がいいということではありません。

たとえば、「習いごとを1人で始めることができる」ということです。

「ごはんを1人で食べに行ける」ということです。

1人で食べられないから大ぜいで食べようというのは、結局、みんなと一緒にいるのが楽しいからではありません。

1人でいるのがイヤだから、とりあえず誰か一緒にいてくれる人といたいというのでは、相手もうれしくありません。

習いごとで言うと、1人で始められない人は誰かを誘います。

誰かを誘って来る人は、長続きしません。

1人で習いに来た人は長続きします。

2人で習いごとに来ると、次のお稽古の日をすぐに決められません。

「私、その日はちょっと都合が悪いので、スケジュールがわかってから」という形でどんどん延び延びになると、結局続かなくなります。

1人で来た人は自分で決めて、他人に気を使わないでどんどんお稽古ができます。

2人で一緒に習いに来ると、自分の進み具合が遅くて、連れの方が進み具合が早い時に、自分が面白くなくなってやめます。

これも、1人で習いごとを始めないことのマイナスです。

もう1つは、自分がやめたいと思った時は1人でやめることです。

老人の60代は、「あなたもやめようよ」と仲間を誘うのです。

やめることは別に悪いことではありません。

やめる時に人を誘うのはNGです。

1人で始めることより、もっと勇気がいるのは1人でやめることです。

「自分はやめたけど、続けていたらもっと楽しかったかもしれないな」という気持ちとの戦いになります。

やめて何か言われるのがイヤだからといって、仲間を誘ってやめようとしないことです。

1人で何かをやめることができる人は、自由に生きているのです。

60代を楽しむために その47

やめる時に、仲間を誘わない。

否定的な見方をする人と、ごはんを一緒に食べたい人はいない。

60代になると、

①「この人とは一緒にごはんを食べたい」と思う人

②「この人とは一緒にごはんを食べたくない」と思う人

の2通りに分かれます。

一緒にごはんを食べている時に、ネガティブなことを言う人は、せっかくのおいしいごはんがおいしくなくなってしまいます。

TVや雑誌で紹介された話題のおいしいお店に来ているのに、「サービスがいまいちだ」と言う人とは、食べたくありません。

「もっとおいしいお店がある」

「君は○○のお店を知っているか」

と、うんちくをグチグチ垂れる人とは一緒にいても楽しくありません。

そういう人は、みんなからだんだん誘われなくなります。

誘われなくなると、その人自身の幸福感もなくなります。

「今ここでこうしていること」をいかに楽しんでいけるかです。

ほかのものと比較しないことがネガティブにならないコツです。

「今こうしている間にもアフリカでは何万人という子どもが飢え死にしていて……」

という話を、ごはんを食べている時にする必要はありません。

それはそれで、もちろん大切なことです。

そういう正論を言う人の方が頭がいいという思い込みが、60代までずっとあったのです。

60歳を過ぎて会社の外に出た時に、そのまま会社の論理を持ち込まないことです。

会社の論理は社会の論理ではありません。

そのことに早く気づくことです。

「ここもおいしいけど、ここよりあそこがおいしかった」と言う人は、「オレの方が勝っている」と、常に勝ち負けを持ち込んでいます。

これは、グルメ自慢の人に意外に多いのです。

おいしいものが好きなのではありません。

自慢が好きなのです。

「人に紹介されたところがおいしいとなると、オレの負け」という感覚を持たないことが大切なのです。

60代を
楽しむために
その
48

否定的なことを言っている自分に気づこう。

リアクションのスピードが速い人は、若々しい。

「あの人は若々しいね」と感じるのは、見た目よりリアクションの速さです。歳をとると、だんだん反応スピードが遅くなってくるのです。

「○○に行きますか」「ああ、行きましょう」と、ノータイムですぐ言えるか、1秒あいてから「じゃ、行くか」と言うかの違いです。

同じイエスの時に1秒あくかどうかが、老人の60代と大人の60代の分かれ目になるのです。

たとえノーでも、「○○行きませんか」「行かない。嫌いなんだ」と即言う人と、イエスでも「ああ……行く」と1秒あいて言う人と、くっきり分かれます。

イエスでも、ノーでもリアクションを早くすると、反応がよくなります。

会話のリズムにのっていけます。

頭で物事を考えるのではありません。

頭で考えていると、反応が遅くなります。

正しさにこだわる人も、反応が遅くなります。

体で直感的に条件反射として反応することで、リアクションが早くなるのです。


60代で反応が遅くなってしまうと、70代、80代はどんどん遅くなります。

60代で早い人は、70代、80代になっても早いままです。

60代は、その大きな分岐点です。

「人生100年時代」と言われる現代では、残りの人生はまだ40年あります。

医学がどんどん進んでいるので、今60代の人が100歳になるころには「人生120年」と言われる時代になります。

まだ半分しか人生が過ぎていない60代のうちから、リアクションを早くすることが大切なのです。

60代を楽しむために

その49

リアクションを早くしよう。

あとがき

世界のヒーローになれなくても、1人のためのヒーローにはなれる。

「そんなに頑張っても、世界のヒーローにはなれないですよ」と言う人がいます。
世界のヒーローになる必要は、ありません。
世界のヒーローよりは、たった1人のためのヒーローでいることです。
たった1人のためのヒーローなら、誰もがなれます。
「その人が気づいてくれなかったらどうするんですか」と言わないことです。
気づいてくれないことがベストです。
相手に気づかれないのが、真のヒーローです。
相手に気づかれるためにしたことで感謝されて、みんなからほめそやされるのは、ヒーローではありません。

ただのビジネスマンにすぎません。

60代からはビジネスマンを辞めて、1人のためのヒーローになればいいのです。

気づかれないように、1人のために頑張るのです。


会社を辞めることは大きなカルチャーショックになります。

すべてのことが初体験です。

60代からの世界は、学校から社会に出るより、もっとカルチャーショックが強いのです。


学校はまだ知っている世界が小さかったのです。

会社は長年いて、いろいろなことを体験して知っています。

人生経験も豊富なのに、今までとは、ちゃぶ台をひっくり返すように価値観が違う知らない世界に出ていくのです。

不安だらけです。

この不安こそが、エネルギーになるのです。

世の中で成功している人を見て、「あの人はいいな。あんなに稼げて、あんなに仕事をバリバリして、あんなに有名になったら安心だろうな」と思うのは勘違いです。

天才と凡人の違いは、賭け金の大きさです。

凡人が1万円賭けている時に、天才は1000万円賭けているのです。

どちらも、はずれたらゼロです。

天才は、1000万円持っているのではありません。

1000万円を賭けている人です。

はずれたら、1000万円の方がマイナスが大きいのです。

これが、いわゆる天才と呼ばれている人です。

天才も凡人も、不安は同じです。

安藤忠雄さんが手術で体の臓器を5つとっても超人的に元気にしているのは、クリエイティビティーの原動力が「不安」だからだそうです。
不安がなくなったら終わりです。
どれだけ自分を不安なところへ持っていけるか。
それが、その人のエネルギー源になります。
不安を取り除こうとすればするほど、その人のエネルギーはなくなっていきます。
不安があるのは、まだまだ元気な証拠です。
むしろその不安がなくならないように、もっと大切にすることです。
不安からエネルギーが湧きます。
エネルギーから、行動が湧きます。
行動から、幸福感が湧いてくるのです。

60代を楽しむために
その50

「気づかれない真のヒーロー」になろう。

［著者］
中谷　彰宏（なかたに・あきひろ）
1959年、大阪府生まれ。早稲田大学第一文学部演劇科卒業。博報堂に入社し、8年間のCMプランナーを経て、91年に独立し、株式会社中谷彰宏事務所を設立。人生論、ビジネス書から恋愛エッセイ、小説まで、多くのロングセラー、ベストセラーを世に送り出す。「中谷塾」を主宰し、全国でワークショップ、講演活動を行う。
【公式サイト】https://an-web.com

感想など、あなたからのお手紙をお待ちしています。
僕は、本気で読みます。（中谷彰宏）

〒150-8409 東京都渋谷区神宮前6-12-17
ダイヤモンド社 書籍編集局第４編集部気付　中谷彰宏 行
※食品、現金、切手などの同封は、ご遠慮ください。（編集部）

中谷彰宏は、盲導犬育成事業に賛同し、この本の印税の一部を㈶日本盲導犬協会に寄附しています。

60代でしなければならない50のこと

2019年10月30日　第１刷発行

著　者——中谷彰宏
発行所——ダイヤモンド社
〒150-8409　東京都渋谷区神宮前6-12-17
http://www.diamond.co.jp/
電話／03·5778·7227（編集）　03·5778·7240（販売）
装丁·本文デザイン—中井辰也
製作進行——ダイヤモンド・グラフィック社
印刷——ベクトル印刷
製本——ブックアート
編集担当——土江英明

ISBN 978-4-478-10866-6

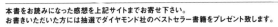

【ぱる出版】
『粋な人、野暮な人。』
『品のある稼ぎ方・使い方』
『察する人、間の悪い人。』
『選ばれる人、選ばれない人。』
『一流のウソは、人を幸せにする。』
『なぜ、あの人は「本番」に強いのか』
『セクシーな男、男前な女。』
『運のある人、運のない人』
『器の大きい人、器の小さい人』
『品のある人、品のない人』

【学研プラス】
『なぜあの人は感じがいいのか。』
『頑張らない人は、うまくいく。』
文庫『見た目を磨く人は、うまくいく。』
『セクシーな人は、うまくいく。』
文庫『片づけられる人は、うまくいく。』
『美人力』（ハンディ版）
文庫『怒らない人は、うまくいく。』
文庫『すぐやる人は、うまくいく。』

【ファーストプレス】
『「超一流」の会話術』
『「超一流」の分析力』
『「超一流」の構想術』
『「超一流」の整理術』
『「超一流」の時間術』
『「超一流」の行動術』
『「超一流」の勉強法』
『「超一流」の仕事術』

【秀和システム】
『人とは違う生き方をしよう。』
『なぜ あの人はいつも若いのか。』
『楽しく食べる人は、一流になる。』
『一流の人は、〇〇しない。』
『ホテルで朝食を食べる人は、うまくいく。』
『なぜいい女は「大人の男」とつきあうのか。』
『服を変えると、人生が変わる。』

【水王舎】
『なぜあの人は「美意識」があるのか。』
『なぜあの人は「教養」があるのか。』
『結果を出す人の話し方』
『「人脈」を「お金」にかえる勉強』
『「学び」を「お金」にかえる勉強』

【大和出版】
『「しつこい女」になろう。』
『「ずうずうしい女」になろう。』
『「欲張りな女」になろう。』
『一流の準備力』
『歩くスピードを上げると、頭の回転は速くなる。』

【あさ出版】
『孤独が人生を豊かにする』
『気まずくならない雑談力』
『「いつまでもクヨクヨしたくない」とき読む本』
『「イライラしてるな」と思ったとき読む本』
『なぜあの人は会話がつづくのか』

【日本実業出版社】
『出会いに恵まれる女性がしている63のこと』
『凛とした女性がしている63のこと』
『一流の人が言わない50のこと』
『一流の男 一流の風格』

【すばる舎リンケージ】
『好かれる人が無意識にしている文章の書き方』
『好かれる人が無意識にしている言葉の選び方』
『好かれる人が無意識にしている気の使い方』

【現代書林】
『チャンスは「ムダなこと」から生まれる。』
『お金の不安がなくなる60の方法』
『なぜあの人には「大人の色気」があるのか』

【毎日新聞出版】
『あなたのまわりに「いいこと」が起きる70の言葉』
『なぜあの人は心が折れないのか』
『一流のナンバー２』

【ぜんにち出版】
『リーダーの条件』
『モテるオヤジの作法２』
『かわいげのある女』

【DHC】
ポストカード『会う人みんな神さま』
書画集『会う人みんな神さま』
『あと「ひとこと」の英会話』

【海竜社】
『昨日より強い自分を引き出す61の方法』
『一流のストレス』

【リンデン舎】
『状況は、自分が思うほど悪くない。』
『速いミスは、許される。』

【文芸社】
文庫『全力で、１ミリ進もう。』
文庫『贅沢なキスをしよう。』

【総合法令出版】
『「気がきくね」と言われる人のシンプルな法則』
『伝説のホストに学ぶ82の成功法則』

【サンクチュアリ出版】
『転職先はわたしの会社』
『壁に当たるのは気モチイイ 人生もエッチも』

【WAVE出版】
『リアクションを制する者が20代を制する。』

【ユサブル】
『1秒で刺さる書き方』（ユサブル）

【河出書房新社】
『成功する人は、教わり方が違う。』

【二見書房】
文庫『「お金持ち」の時間術』

【ミライカナイブックス】
『名前を聞く前に、キスをしよう。』

【イースト・プレス】
文庫『なぜかモテる人がしている42のこと』

【第三文明社】
『仕事は、最高に楽しい。』

【日本経済新聞出版社】
『会社で自由に生きる法』

【講談社】
文庫『なぜ あの人は強いのか』

【アクセス・パブリッシング】
『大人になってからもう一度受けたい コミュニケーションの授業』

【阪急コミュニケーションズ】
『サクセス＆ハッピーになる50の方法』

【きこ書房】
『大人の教科書』

中谷彰宏の主な作品一覧（2019年7月現在）

【ダイヤモンド社】
『面接の達人 バイブル版』
『なぜあの人は感情的にならないのか』
『50代でしなければならない55のこと』
『なぜあの人の話は楽しいのか』
『なぜあの人はすぐやるのか』
『なぜあの人は逆境に強いのか』
『なぜあの人の話に納得してしまうのか［新版］』
『なぜあの人は勉強が続くのか』
『なぜあの人は仕事ができるのか』
『25歳までにしなければならない59のこと』
『なぜあの人は整理がうまいのか』
『なぜあの人はいつもやる気があるのか』
『なぜあのリーダーに人はついていくのか』
『大人のマナー』
『プラス１％の企画力』
『なぜあの人は人前で話すのがうまいのか』
『あなたが「あなた」を超えるとき』
『中谷彰宏金言集』
『こんな上司に叱られたい。』
『フォローの達人』
『「キレない力」を作る50の方法』
『女性に尊敬されるリーダーが、成功する。』
『30代で出会わなければならない50人』
『20代で出会わなければならない50人』
『就活時代しなければならない50のこと』
『あせらず、止まらず、退かず。』
『お客様を育てるサービス』
『あの人の下なら、「やる気」が出る。』
『なくてはならない人になる』
『人のために何ができるか』
『キャパのある人が、成功する。』
『時間をプレゼントする人が、成功する。』
『明日がワクワクする50の方法』
『ターニングポイントに立つ君に』
『空気を読める人が、成功する。』
『整理力を高める50の方法』
『迷いを断ち切る50の方法』
『なぜあの人は10歳若く見えるのか』
『初対面で好かれる60の話し方』
『成功体質になる50の方法』
『運が開ける接客術』
『運のいい人に好かれる50の方法』
『本番力を高める57の方法』
『運が開ける勉強法』
『バランス力のある人が、成功する。』
『ラスト３分に強くなる50の方法』
『逆転力を高める50の方法』
『最初の３年その他大勢から抜け出す50の方法』
『ドタン場に強くなる50の方法』
『アイデアが止まらなくなる50の方法』
『思い出した夢は、実現する。』
『メンタル力で逆転する50の方法』
『自分力を高めるヒント』
『なぜあの人はストレスに強いのか』
『面白くなければカッコよくない』
『たった一言で生まれ変わる』
『スピード自己実現』
『スピード開運術』
『スピード問題解決』
『スピード危機管理』
『一流の勉強術』
『スピード意識改革』
『お客様のファンになろう』
『20代自分らしく生きる45の方法』
『なぜあの人は問題解決がうまいのか』
『しびれるサービス』
『大人のスピード説得術』
『お客様に学ぶサービス勉強法』
『スピード人脈術』
『スピードサービス』
『スピード成功の方程式』
『スピードリーダーシップ』
『出会いにひとつのムダもない』
『なぜあの人は気がきくのか』
『お客様にしなければならない50のこと』
『大人になる前にしなければならない50のこと』
『なぜあの人はお客さんに好かれるのか』
『会社で教えてくれない50のこと』
『なぜあの人は時間を創り出せるのか』
『なぜあの人は運が強いのか』
『20代でしなければならない50のこと』
『なぜあの人はプレッシャーに強いのか』
『大学時代しなければならない50のこと』
『あなたに起こることはすべて正しい』

【きずな出版】
『生きる誘惑』
『しがみつかない大人になる63の方法』
『「理不尽」が多い人ほど、強くなる。』
『グズグズしない人の61の習慣』
『イライラしない人の63の習慣』
『悩まない人の63の習慣』
『いい女は「涙を背に流し、微笑みを抱く男」とつきあう。』
『ファーストクラスに乗る人の自己投資』
『いい女は「紳士」とつきあう。』
『ファーストクラスに乗る人の発想』
『いい女は「言いなりになりたい男」とつきあう。』
『ファーストクラスに乗る人の人間関係』
『いい女は「変身させてくれる男」とつきあう。』
『ファーストクラスに乗る人の人脈』
『ファーストクラスに乗る人のお金２』
『ファーストクラスに乗る人の仕事』
『ファーストクラスに乗る人の教育』
『ファーストクラスに乗る人の勉強』
『ファーストクラスに乗る人のお金』
『ファーストクラスに乗る人のノート』
『ギリギリセーーフ』

【PHP研究所】
『なぜあの人は、しなやかで強いのか』
『メンタルが強くなる60のルーティン』
『なぜランチタイムに本を読む人は、成功するのか。』
『中学時代にガンバれる40の言葉』
『中学時代がハッピーになる30のこと』
『もう一度会いたくなる人の聞く力』
『14歳からの人生哲学』
『受験生すぐにできる50のこと』
『高校受験すぐにできる40のこと』
『ほんのささいなことに、恋の幸せがある。』
『高校時代にしておく50のこと』
文庫『お金持ちは、お札の向きがそろっている。』
『仕事の極め方』
『中学時代にしておく50のこと』
文庫『たった３分で愛される人になる』
『【図解】「できる人」のスピード整理術』
『【図解】「できる人」の時間活用ノート』
文庫『自分で考える人が成功する』
文庫『入社３年目までに勝負がつく77の法則』

【大和書房】
文庫『今日から「印象美人」』
文庫『いい女のしぐさ』
文庫『美人は、片づけから。』
文庫『いい女の話し方』
文庫『「つらいな」と思ったとき読む本』
文庫『27歳からのいい女養成講座』
文庫『なぜか「HAPPY」な女性の習慣』
文庫『なぜか「美人」に見える女性の習慣』
文庫『いい女の教科書』
文庫『いい女恋愛塾』
文庫『「女を楽しませる」ことが男の最高の仕事。』
文庫『いい女練習帳』
文庫『男は女で修行する。』

【リベラル社】
『「また会いたい」と思われる人「二度目はない」と思われる人』
『モチベーションの強化書』
『50代がもっともっと楽しくなる方法』
『40代がもっと楽しくなる方法』
『30代が楽しくなる方法』
『チャンスをつかむ 超会話術』
『自分を変える 超時間術』
『問題解決のコツ』
『リーダーの技術』
『一流の話し方』
『一流のお金の生み出し方』
『一流の思考の作り方』